Es gibt Lebensläufe, die Mut machen, vor allem, wenn sie uns vor Augen führen, dass man auch im Alter noch Leidenschaften haben kann und sie leben darf. Frauen über 80, die selbstbestimmt und zufrieden alt geworden sind, erzählen in »Wir haben viel erlebt!« aus ihrem ungewöhnlichen Leben, das für die Jüngste 1926 und für die Älteste 1903 begann. Bei allen Unterschieden eint diese »Jahrhundertfrauen« der große Wille, den eigenen Weg in einer Zeit zu finden, in der wenig Platz für Mädchenträume und Frauenwünsche blieb.

Ob es die Bildhauerin, Gärtnerin, Schauspielerin, Politikerin, Taiji-Meisterin, Pianistin, Übersetzerin, Restauratorin, Karikaturistin, Dramaturgin, Sozialarbeiterin, Psychoanalytikerin oder Äbtissin ist – mit Respekt und Bewunderung liest man ihre Geschichten. Und dabei spielt es keine Rolle, dass manche von ihnen eine öffentliche Karriere gemacht haben wie Annemarie Renger, Doris Schade, Margarete Mitscherlich oder Marie Marcks und andere wiederum gänzlich unbekannt sind. Der Hamburger Fotografin Ute Karen Seggelke Porträts gelungen, in denen sich die Persönlichkeit dieser besonderen Frauen auf das Eindrücklichste widerspiegelt.

»Berührende Zeitdokumente von bekannten und unbekannten Alten, jedes eine kleine Lebenslektion.« MYSELF

»Ein stark machendes Buch von und über Frauen, die von Mut und viel Überlebenswillen berichten.« PASSAUER NEUE PRESSE

Ute Karen Seggelke wurde 1940 in Hamburg geboren. Nach der Ausbildung zur Fotografin war sie Mitarbeiterin der Theaterfotografin Rosemarie Clausen und des Architekturfotografen Heinrich Heidersberger. Sie war zwölf Jahre als Dozentin an der Hochschule für Bildende Künste in Braunschweig tätig. Ute Karen Seggelke arbeitet als freie Fotografin und Autorin in Nordfriesland.

insel taschenbuch 4224
Ute Karen Seggelke
Wir haben viel erlebt!

4. Auflage 2016

Erste Auflage 2013
insel taschenbuch 4224
Insel Verlag Berlin 2013

© 2007, Elisabeth Sandmann Verlag GmbH, München

Vertrieb durch den Suhrkamp Taschenbuch Verlag

Umschlag, Innenseiten und Satz:
Pauline Schimmelpenninck Büro für Gestaltung, Berlin
Druck: *CPI –Ebner & Spiegel, Ulm*

Printed in Germany   ISBN 978-3-458-35924-1

Ute Karen Seggelke

Wir haben
viel erlebt!

Jahrhundertfrauen erzählen
aus ihrem Leben

Insel Verlag

Inhalt

9 Vorwort

14 Gerda Bartelt
Jahrgang 1916 kaufmännische Angestellte

21 Dorothea Buck
Jahrgang 1917 Autorin und Bildhauerin

28 Else Davidsohn
Jahrgang 1903 Kauffrau

35 Johanna Fischer
Jahrgang 1926 Gärtnerin

42 Edeltraud Forster
Jahrgang 1922 Äbtissin em.

48 Swetlana Geier
Jahrgang 1923 Übersetzerin

52 Karin Hertz
Jahrgang 1921 Bildhauerin

61 Charlotte Janka
Jahrgang 1914 Übersetzerin und Dolmetscherin

67 Anita Kästner
Jahrgang 1924 Papierrestauratorin

74 Edith Kraus
Jahrgang 1913 Pianistin

81   Marie Marcks
     Jahrgang 1922 Karikaturistin und Grafikerin

90   Margarete Mitscherlich
     Jahrgang 1917 Psychoanalytikerin

97   Susanne von Paczensky
     Jahrgang 1923 Publizistin und Feministin

106 Christa Proksch
     Jahrgang 1925 Taijiquan-Meisterin

113 Christine Razum
     Jahrgang 1923 Dramaturgin

120 Lenka Reinerová
     Jahrgang 1916 Autorin und Erzählerin

127 Annemarie Renger
     Jahrgang 1919 Politikerin

134 Doris Schade
     Jahrgang 1924 Schauspielerin

142 Lilly Vogel
     Jahrgang 1918 Sozialarbeiterin

148 Lucia Westerguard
     Jahrgang 1912 Zirkusartistin und Straßenmusikantin

156 Vitae

UTE KAREN SEGGELKE

Jahrhundertfrauen

Schon vor etwa acht Jahren fasste ich den Entschluss, ein Buch über Frauen des letzten Jahrhunderts zu machen. Während der Arbeit an meinem ersten Buch, »Frauen über 50«, während der Begegnungen mit vielen Frauen und ihren Geschichten, war mir klargeworden, wie individuell und einmalig jedes Leben ist und wie sich dennoch ein roter Faden übereinstimmend durch die Erzählungen zieht: die alle prägende Nachkriegszeit, der Neuanfang, das Ausbrechen aus alten Rollen. Daraus entstand meine Neugier auf die vorige weibliche Generation, die Generation unserer Mütter. Ich stellte mir Fragen in mehrfacher Hinsicht: Was kristallisiert sich am Ende eines so langen Lebens als Wichtiges, Charakteristisches und Erzählenswertes heraus, und wie wird der Alltag im hohen Alter erlebt? Zudem war mir klargeworden, dass die eigentliche Unfassbarkeit der menschlichen Grausamkeiten des letzten Jahrhunderts nicht durch die Aufstellung von Zahlen und Fakten in den Geschichtsbüchern transportiert werden und so schon gar nicht andere anrühren kann, sondern nur durch das Erzählen von persönlich Erlebtem: gelebte und erlittene Zeitgeschichte, reflektiert und gefiltert durch die Individualität und Persönlichkeit der Frauen, die am Ende dieses Jahrhunderts auf das eigene lange Leben blicken.

Dass sieben Jahre im neuen Jahrhundert vergingen, bevor die Geschichten und Bilder dieser Frauen jetzt erfahrbar werden, zeigt, welch mangelnde Wertschätzung und welch geringes Interesse an älteren Menschen in der Gesellschaft vorherrschten. Die einhellige Meinung aller von mir angefragten Verleger war: »Alte Frauen verkaufen sich nicht«, und sie spiegelt diese Einstellung wider. Heute weiß ich, dass es zu früh für ein Buch zu diesem Thema war. Die Zeit war noch nicht reif dafür. Erst in den letzten Jahren ereignete sich ganz langsam ein Wandel. Und seitdem die Werbung die steigende Wirtschaftskraft der älteren Generation entdeckt hat, rücken die Menschen des letzten Lebensdrittels wieder mehr ins Bewusstsein. Für mich wurde es immer wichtiger und dringender, dieses Buch fertigzustellen. Aber der Weg war beschwerlich: Ich hatte nicht nur keinen Verlag, musste somit mit nicht erlahmender Zuversicht und Neugier Zeit und Geld investieren – was aber viel dramatischer war: Mir lief die Zeit davon. Die Zeitzeuginnen des letzten Jahrhunderts wurden älter, und einige, die ich gerne porträtiert hätte, starben. Dazu gehörten so verschiedene Frauen wie Aenne Burda, Marion Gräfin Dönhoff, Leni Riefenstahl und Beate Uhse. Ganz besonders bewusst wurde mir dieses Dilemma bei Carola Stern. Wir hatten uns zu einem Vorgespräch im Dezember 2005 getroffen und uns zu Interview und Aufnahmen für Januar 2006 verabredet, nur drei Wochen später. Genau in der Woche dieses Termins starb sie. Nie wurde mir die Dringlichkeit des Projekts deutlicher vor Augen geführt.

Natürlich erfuhr das Konzept in der langen Vorbereitungszeit mehrfache Veränderungen. In vielen Gesprächen mit Freunden und auch mit den – abwehrenden – Verlegern gewann das Projekt allmählich seine Form. Ein Stück des vorbereitenden Weges ging ich zusammen mit Nina Schindler, Freundin und Autorin. Wir waren gemeinsam für ein anderes Buchprojekt unterwegs, als wir im Gespräch feststellten, dass wir beide ein Buch über die Frauen des letzten Jahrhunderts vorhatten. Wir beschlossen, es zusammen zu versuchen, sie übernahm die Interviews und Texte, ich die Fotografie. Wir besuchten vier Frauen: Else Davidsohn, Heidi Oetinger, die nach dem Ausscheiden ihres Mannes so mutig den Kinderbuchverlag weiterführte, die wunderbare Krimiautorin P.D. James und Anneliese Meinecke, die Mutter meiner besten Freundin, die noch mit 81 Jahren Tennis spielen lernte.

Da ereilte Nina Schindler das private Glück, als Zwillingsgroßmutter mit berufstätiger Schwiegertochter gebraucht zu werden, und sie übergab mir unser Projekt ganz. Ich musste jedoch das Konzept ändern, damit ich allein weiterarbeiten konnte. Ich wählte die Erzähl-

weise in der Ich-Form und versuchte, den jeweils eigenen Sprech-
duktus der Frauen zu erhalten, damit die Texte möglichst authentisch
und unmittelbar blieben. Von den vier gemeinsam besuchten Frauen
konnte ich nur Else Davidsohn, fast hundertdreijährig, noch einmal
neu interviewen und ergänzende Fotos in Farbe machen. Von den
anderen Frauen sollen wenigstens an dieser Stelle Bilder erscheinen.
Else Davidsohn verstarb 2006, Anneliese Meinecke, dreiundneunzig-
jährig, zwei Monate nach unserem Besuch.

Naturgemäß fasziniert mich als Fotografin besonders, neben den
Lebensgeschichten, auch die visuelle Seite. Ich durfte mit der Kamera
in Gesichter voller Leben, voll vitaler Ausstrahlung blicken und an
den vielfältigen Aktivitäten der Frauen teilnehmen. Bereitwillig und
offen wurde ich aufgenommen und eingelassen. Von Albert Camus
stammt der Satz: »Von einem bestimmten Alter an ist jeder für sein
Gesicht verantwortlich.« So sehen wir Spuren gelebten Lebens, wir
können darin lesen – und sie erzählen, ergänzend zu den Worten, ihre
eigene eindrucksvolle Geschichte. Neben den Porträts zeige ich auch
die Hände. Sie zeugen ebenfalls von arbeitsreichem Leben.

Ich werde oft gefragt, wie ich die Menschen finde, wie ich sie
auswähle. Das Erstaunliche ist: Sie gelangen ohne großes Suchen
zu mir, durch Tipps von Freunden, durch Begegnungen oder
Veröffentlichungen. Bei der Auswahl ließ ich mich ganz subjektiv
leiten. Es war mir wichtig, neben bekannten auch unbekannte Frauen
zu porträtieren. Frauen, die durch Hass und Verfolgung Heimat und
Angehörige verloren, die schon als junge Menschen in den Kriegs-

VON LINKS: Heidi Oetinger, P. D. James, Else Davidsohn, Anneliese Meinecke

wirren mutige Lebensentscheidungen treffen mussten. Sie alle sind besondere Zeitzeuginnen mit einem unbändigen Lebenswillen und erstaunlicher Kraft für Neuanfänge. Einige Frauen hatte ich schon bei der ersten Idee zu dem Projekt im Sinn: Marie Marcks, Margarete Mitscherlich, Aenne Burda, auch Hildegard Hamm-Brücher, die zu meinem großen Bedauern als Zeitzeugin fehlt. Bei allen Frauen stieß ich auf herzliche Offenheit und erlebte unvergessliche Begegnungen, die tiefe Eindrücke bei mir hinterließen.

Als es an die Gestaltung des Buches ging und wir auf der Suche nach einem Foto für den Umschlag waren, fiel recht früh die Entscheidung für das Bild der Ballettmeisterin Irina Jacobsen mit seiner schönen und heiteren Ausstrahlung. Unglücklicherweise zog Irina Jacobsen ihren Text in letzter Minute zurück. Wir entschlossen uns, sie dennoch auf dem Umschlag zu belassen, denn sie verkörpert in wunderbarer Weise alles, was diese Generation ausmacht, vor allem einen unbeugsamen Lebenswillen. Als junge jüdische Russin tanzte sie in Moskau im berühmten Kirow-Ballett, dem späteren Marinsky-ballett. Sie heiratete den bekannten Choreografen des Balletts, arbeitete mit internationalen Tanzgrößen und wurde eine erfolgrei-

Irina Jacobsen im Hamburger Ballettzentrum

che Tanzpädagogin. Als ihr Mann starb, entzog sie sich dem kommunistischen Druck und übersiedelte in die USA. Von dort – und später von Israel aus – wird sie als Gastdozentin in die großen Ballettzentren Europas und der USA geholt, nach London, Amsterdam und seit vielen Jahren von John Neumeier ins Hamburger Ballettzentrum. Hier durfte ich den Unterricht mit der Kamera begleiten und war tief beeindruckt von der Energie und der eleganten Leichtfüßigkeit dieser Fünfundachtzigjährigen.

Erst in der letzten Phase der Arbeit wurde mir von einer Freundin ein Buch in die Hände gelegt, das wunderbar die Grundlage für unseres sein könnte: »Vom Sinn des langen Lebens«. James Hillmann sieht diesen Sinn darin, dem eigenen Wesenskern – er nennt ihn Charakter – die Möglichkeit zu geben, sich herauszukristallisieren. Bei meiner Frage nach einem sich verändernden Selbstverständnis erhielt ich meist die Antwort: »Nein, eigentlich hat sich an meiner Grundwesensart nichts geändert.«

Die späteren Jahre im Leben dienen dazu, in der Rückschau das Wesentliche herauszufiltern, damit es als Erfahrung an die nächste Generation weitergegeben werden kann. Die erzählten Geschichten helfen, die notwendige Kontinuität in der Entwicklung der Generationen zu gewährleisten. In diesem Fall: die Erfahrung von Hass, Schuld, Verzweiflung, Verfolgung, Todesangst – aber auch Versöhnung, Liebe, Mut und Lebenswille; Gefühle, die im Jahrhundert der hier gezeigten Generation durch die extremen Ereignisse in Deutschland und Europa hervorgerufen wurden. Nichts soll davon verloren gehen, so dass wir daraus lernen können. Die Frauen haben bereitwillig erzählt, und mit großer Dankbarkeit und Hoffnung kann ich jetzt diese Lebensgeschichten weitergeben.

Ein gütiges Geschick führte mich schließlich zu Elisabeth Sandmann, die mutig und voller Enthusiasmus zustimmte, das Buch zu verlegen. Sie war – und ist – tatsächlich meine Wunschverlegerin!

Ute Karen Seggelke, Kato Zakros und Hamburg, Juni 2007

Gerda Bartelt

1916 – 2009

kaufmännische
Angestellte

*Nicht den Mut verlieren und
weiter kämpfen*

Mit meinem heutigen Leben bin ich zufrieden. In meinem Alter
noch an allen Geschehnissen teilnehmen zu können, ist sehr schön.
Ich lese Zeitung, höre Nachrichten, gucke mir Filme im Fernsehen
an. Und ich bin, bis auf die Gelenke, gesund.

Aber was hat sich nicht alles in meinem früheren Leben ereig-
net! Als ich vier Jahre alt war, mussten wir aus Westpreußen in den
Westen ziehen. Nach dem Versailler Vertrag wurde Westpreußen an
Polen abgetreten, und wir mussten entweder für Polen optieren oder
ins verbleibende Deutsche Reich gehen. Wir verkauften 1920 unser
Gut illegal und versuchten, noch einige Möbel und Sachen zu retten,
aber an der Grenze wurden wir geschnappt und mein Vater verhaftet.
Ich kann mich noch gut erinnern, wie ich, hinten im Kastenwagen
sitzend, beobachtete, wie mein Vater abgeführt wurde. Er wurde nach
Danzig gebracht. Meine Mutter versuchte, ihn freizukaufen, aber das
gelang nicht, und so fuhr meine Mutter mit mir über die Ostsee nach
Stettin und danach in den Westen zu den Großeltern nach Eichholz

bei Detmold. Nach langen Verhandlungen wurde mein Vater endlich gegen ein Lösegeld freigelassen und konnte zu uns nachkommen. Er versuchte dann beruflich alles Mögliche, beteiligte sich an einer Möbelfabrik, aber die ging wegen der Inflation pleite. Schließlich entschlossen sich meine Eltern, wieder im Osten eine Landwirtschaft zu erwerben, denn mein Vater war eigentlich mit Leib und Seele Landwirt. So kamen wir in den Kreis Schlawe in Hinterpommern. Meine Eltern müssen sehr verzweifelt gewesen sein, dass sie diesen Hof nahmen, denn er entsprach in keiner Weise ihren früheren Ansprüchen. Hinzu kam, dass mein Vater krank aus dem Krieg zurückgekommen war. Eine unbehandelte Kopfgrippe hatte sich im Laufe der Jahre zu einer Schüttellähmung entwickelt. Nach einigen Jahren brauchte er ständige Betreuung. So mussten wir 1935 den Hof zwar verpachten, konnten aber dort wohnen bleiben.

Meine Schwester und ich machten unsere Ausbildungen. Ich besuchte die Landfrauenschule in Rügenwalde und wurde, inzwischen war der zweite Krieg ausgebrochen, als landwirtschaftliche Beraterin im Kreis Schlawe eingesetzt, später als Lehrkraft an der Landfrauenschule. Mein Vater starb 1940. 1941 verlobte ich mich mit Herbert Bartelt, und am 4. Januar 1942 heirateten wir. Mein Mann war von Anfang an Soldat. Zuerst kämpfte er im Polenfeldzug, dann in Frankreich und später in Russland. Wir sahen uns nur, wenn er Fronturlaub hatte, das war alles zusammen vielleicht ein Monat. Ich wurde 1944 schwanger, das erfuhr er gerade noch bei seinem letzten Urlaub. Danach hörte ich nichts mehr von ihm, und meine Post kam als unzustellbar zurück. Bis zum heutigen Tag habe ich keine offizielle Mitteilung bekommen. Erst 1950, als die ersten Gefangenen aus seiner Abteilung zurückkamen, brachten sie mir die Nachricht, dass er auf einem Gefangenentransport von Rumänien nach Odessa gestorben war. Das war das Ende meiner Ehe.

Mein Sohn wurde am 21. Dezember 1944 geboren. Da hörte man schon die Kanonen von der Front, und ab Januar 1945 kamen die Flüchtlinge aus West- und Ostpreußen und die Russlanddeutschen. Sie mussten jeden Abend für die Nacht auf unserem Hof

untergebracht werden. Wir selbst durften nicht flüchten, bis alle durch waren. Als endlich keine mehr kamen, war niemand mehr zuständig. Inzwischen kamen unsere deutschen Soldaten zurück, dann kamen die Russen und anschließend die Polen und die räuberten alles, was sie kriegen konnten. Schließlich mussten wir doch flüchten. Ich hatte ein Auto zur Verfügung gestellt bekommen, das wir an den Treck anhängen konnten. In dem kalten Winter 1944/45 gab es unheimlich viel Schnee. Wir mussten wegen der Militärtransporte einen Waldweg fahren und blieben im Schnee stecken. Am Morgen holten uns Bauern aus dem nächsten Dorf ab, die uns nach Schlawe auf den Bahnhof brachten, damit wir mit dem Zug weiterkamen. Meine couragierte Mutter fragte den Offizier, der den Transport leitete: »Was würden Sie tun, wenn Sie hier Verwandte in der Nähe hätten?«, und der antwortete: »Nichts wie raus!« Also fuhren wir die sechs Kilometer zu dem Hof meines Schwagers, des Mannes meiner Schwester Annemarie. Dort standen schon drei gepackte Treck-

Gerda Bartelt, links mit ihrem Sohn Eberhard und ihrer Nichte Carla, 1946

wagen. Nun kamen noch wir mit sechs Personen dazu, denn eine Berliner Frau mit zwei Kindern hatte sich uns angeschlossen. Unser Treck blieb 20 Kilometer vor der Ostsee stehen, danach ging es nicht vor und nicht zurück. Wir waren an der Spitze und fuhren auf einen nahen Gutshof. Die Eigentümer waren geflüchtet und hatten alles in gepflegtem Zustand zurückgelassen. Meine Schwester ging in den Kuhstall und konnte die Kühe melken. So hatten wir Milch, die wir so dringend für die Kinder benötigten. Wir machten uns ein Lager für die Nacht, aber schon nach zwei Stunden hörten wir Rufe: »Die Russen kommen!«, und gleich darauf stürmten sie mit Gewehren im Anschlag herein. Sie durchsuchten uns und holten die Frauen mit dem berüchtigten Satz: »Frau, komm mit!« Annemarie und ich nahmen unsere Kleinkinder an uns, und das bewahrte uns vor den Vergewaltigungen. Die Schreie der anderen Frauen waren grauenhaft. Als es hell wurde, wurden alle Männer und Jungen abgeführt. Am Nachmittag sagte meine Mutter: »Hier können wir nicht bleiben. Wir wollen versuchen, zurück nach Rützenhagen zu kommen.« Dort lag der Bauernhof meines Schwagers. Es war Januar, Nieselwetter, Glatteis. Aber im Notfall geht alles. Wir durften bei Nachtanbruch nicht mehr auf der Straße sein und versteckten uns in einer Gärtnerei. Vor unserem Gewächshaus patrouillierte ein Russe, mein Sohn durfte auf keinen Fall weinen. Ich hatte glücklicherweise genug Milch zum Stillen und deshalb ist er am Leben geblieben. Am nächsten Morgen gingen wir die sechs Kilometer zum Hof zurück. Dort herrschte ein heilloses Durcheinander, alles war aus den Schränken gerissen, überall lagen Papiere. Die Lebensmittel waren mit blauem Petroleum übergossen. Wir versuchten, uns notdürftig einen Raum fertig zu machen, und schon kamen die ersten Russen herein. Also nahm ich meinen Sohn auf den Arm, meine Schwester nahm Carla, die mit einem Jahr noch sehr zart war. Aber die Berliner Frau, deren Kinder schon acht und zehn Jahre alt waren, nahmen sie mit und vergewaltigten sie jeden Tag auf dem Dachboden. Nach einiger Zeit hieß es: Im Umkreis von 30 Kilometern von der Ostsee entfernt müsste alles wegen eines Großangriffs geräumt werden. Am nächsten

Morgen sollten sich alle auf der Straße einfinden. Wir Schwestern beschlossen, sollte es nach Russland gehen, uns das Leben zu nehmen. Wir packten einen Rucksack, standen morgens alle ganz früh auf und gingen in die entgegengesetzte Richtung 25 Kilometer landeinwärts zu meinen Schwiegereltern, die eine Wassermühle hatten. Auf den Straßen zogen die Kolonnen von Flüchtlingen. Wir schlugen uns durch dieses unglaubliche Chaos und mussten dabei durch den tiefen Kutzer Wald, von dem ich heute noch voller Angst träume. Schließlich kamen wir zu meinen Schwiegereltern. Die Mühle lag ein wenig abgelegen in einem Tal, und hier herrschte tiefer Frieden.

Ich hatte glücklicherweise genug Milch zum Stillen und deshalb ist er am Leben geblieben.

Wir konnten uns, soweit es ging, häuslich einrichten, konnten sogar ein Schwein schlachten, um alle zu versorgen. Meine Mutter ging mit einem Kinderwagen mit Proviant auf Erkundungstour, um zu sehen, was von unseren jeweiligen Höfen übrig geblieben war. Sie schlug sich zu Fuß die 25 Kilometer nach Rützenhagen durch und musste sehen, dass die Russen hier unglaublich gehaust hatten. Mein Schwager und meine Schwester gingen dennoch auf ihren Hof zurück. In unserem Haus dagegen hatte sich die Kommandantur eingerichtet. Also blieben wir bei meinen Schwiegereltern, bis sie wieder abzog. Inzwischen waren auch die Polen angekommen, denen das Land versprochen worden war. Sie stahlen alles, was sie kriegen konnten. Es gab überhaupt nichts zu kaufen, weder zu essen noch zu trinken. Meine Mutter ging wieder nach Kösslin und erfuhr, dass Transporte nach Westdeutschland zusammengestellt wurden. So bereiteten wir uns darauf vor, buken Geld und Schmuck in Brot und gingen nach Kösslin, wo wir noch wochenlang warten mussten. Schließlich durften wir in einen Transport und saßen in einem offenen Wagen ohne Scheiben.

Ich frage mich heute noch, wie ich mein Kind lebend durchgebracht habe. Tage und Wochen waren wir unterwegs, bis wir end-

lich bei Lübeck ankamen, wo wir in einem amerikanischen Lager in Nissenhütten untergebracht wurden. Wir bekamen richtiges Essen – Nudelsuppe mit Rindfleisch – und die Kinder bekamen Kakao! Verwandte von uns hatten eine Bäckerei in Bielefeld, dorthin konnten wir fahren. Die ganze Familie wurde auf verschiedene Verwandte verteilt. Ich blieb mit meiner Mutter und meinem Sohn in der Bäckerei. Nachdem ich Arbeit gefunden hatte, zogen wir in eine kleine Wohnung. Im Jahr 1948 kam die Währungsreform, und ich begann bei der Maschinenweberei B&N zu arbeiten, wo ich bis zu meiner Rente 27 Jahre in unterschiedlichen Tätigkeiten angestellt war. Es gab die ersten Zuschüsse für Mietwohnungen, doch allein die Männer beanspruchten für sich als Familienväter die Wohnungen. Obwohl ich vom Betriebsrat noch keine Ahnung hatte, wehrte ich mich, und sagte: »Unsere Männer sind gefallen, ihr seid am Leben geblieben und wir verlangen das Gleiche.« Nach vielem Hin und Her habe ich dann das Gleiche bekommen.

Es war ein schweres Arbeitsleben. Ich arbeitete bald nicht mehr in der Vorbereitung, sondern direkt in der Weberei. Das war eine

Gerda Bartelt und ihre Nichte Carla, 2007

19

ungeheure Belastung, ein unglaublicher Krach und Staub. Aber es wurde gut bezahlt, und als es die ersten Zuschüsse für Häuserbauten gab, war ich dabei. Meine Mutter lebte bei uns und betreute tagsüber meinen Sohn. Das schwierige Leben ohne einen Mann hat mich selbstbewusst gemacht, und im Betriebsrat konnte ich viel für die Rechte der Frauen durchsetzen.

Am tiefsten hat sich mir die Erfahrung eingeprägt, plötzlich dazustehen und nichts mehr zu haben: kein Zuhause, keine Kleidung, nichts zu essen. Du musst nehmen, was du kriegen kannst, für das Kind und für dich selbst. Da heißt es nur: Nicht den Mut verlieren und weiterkämpfen! Aber es war schwer, nicht die Hoffnung aufzugeben, dass es jemals wieder normale Verhältnisse geben würde.

Ich glaube nicht, dass ich aus heutiger Sicht etwas anders machen würde. Ich habe immer versucht, meine Familie durchzubringen. Es gab Schwierigkeiten zwischen den Verwandten, die den Krieg in Westdeutschland erlebt hatten, und uns Vertriebenen, die alles verloren hatten. Wir haben von den Bombenangriffen nichts mitbekommen und können nicht beurteilen, wie es hier war. Ebenso wenig können wir verlangen, dass die anderen unsere Vertreibung nachempfinden. Aber das Wichtigste bleibt doch, dass wir alle wohlbehalten in Deutschland angekommen sind und hier wieder unter Deutschen leben konnten. Auch wenn mein Leben ganz anders verlaufen ist als vorgesehen. Meine Schwester, ich und die Kinder sind durch die schweren Erlebnisse ganz eng zusammengewachsen. Das hat viel Kraft gegeben. Später bekam meine Schwester noch einen Sohn. Ihre Kinder waren wie meine eigenen und umgekehrt ebenso, sie wuchsen mit zwei Müttern auf. Wir verbrachten alle Ferien gemeinsam. Auch im Alter werde ich von allen Seiten gut unterstützt. Ich brauche nur zu sagen, dass ich Hilfe brauche. Freundschaften sind nie recht etwas geworden hier. Das höre ich auch von anderen Vertriebenen. – Aber ich habe immer noch Lust zu leben, mit meiner Familie, meinen Enkeln und Urenkeln.

Dorothea Buck

Jahrgang 1917

Autorin
und Bildhauerin

*Bei Allem, was ich tue,
fühle ich mich geleitet.*

Nun bin ich gerade 90 Jahre alt geworden, mein Leben ist reich und ich kann noch etwas bewirken. Das ist im Alter so wichtig. Mein Selbstverständnis hat sich durch meine fünf Psychosen von 1936 bis 1959 früh geändert. Sie brachen in mein Leben ein, warfen mich aus der Bahn, waren aber unglaublich wertvoll.

Ich bin in Oldenburg aufgewachsen. Das war eine wunderbare Stadt mit 60 000 Einwohnern, vielen Gärten, aber auch einem guten Theater. Mein Vater war Pfarrer, ließ sich aber aus gesundheitlichen Gründen 1934 nach Wangerooge versetzen. Schon mit 12 Jahren wollte ich Kindergärtnerin werden, mit 14 hatte ich einen eigenen Spielkreis. Nach der Schulzeit besuchte ich die Frauenschule in Friedrichshafen, mein anschließendes »Praktisches Jahr« konnte ich in unserem Pfarrhaushalt machen.

Nach diesem Jahr brach meine Psychose aus. Der erste Schub überfiel mich geradezu. Das war 1936, ich war noch nicht 19 Jahre alt und machte morgens früh die Wäsche. Es war der 2. März, gerade erschienen rosa Morgenwölkchen. Drei Gewissheiten überfielen mich plötzlich mit einer Wucht, die mich fast zu Boden drückte: Erstens, dass ein ungeheurer Krieg kommen würde; zweitens, dass ich Braut Christi sei; und drittens, dass ich einmal etwas zu sagen haben würde, wozu die Worte von selbst kommen würden.

Ich war so erschrocken, dass ich laut aufheulte und zu meinen Eltern lief. Ich hätte eine Erklärung gebraucht, aber sie waren selbst zutiefst beunruhigt; für sie war ich krank, gestört. In unserem Elternhaus waren Freud, die Tiefenpsychologie, C.G. Jung noch unbekannt. Das Unbewusste war ihnen gänzlich unvertraut. Meine ratlosen Eltern brachten mich zum Arzt, und ich kam nach Bethel, das damals auch die »Stadt der Barmherzigkeit« hieß. Dort erlebte ich eine entwürdigende Zeit. Es wurde überhaupt nicht mit uns über unser Erleben gesprochen. Man hatte die Vorstellung, dass Schizophrenie unheilbar sei, weil erblich verursacht, und dass man nur die Symptome behandeln konnte. Ich kam auf die Geschlossene, die Unruhigen-Station. Auch untereinander durften wir nicht sprechen. Mir gegenüber lag eine junge Patientin. Ich habe mich einmal auf ihren Bettrand gesetzt, und wir hatten ein gutes Gespräch miteinander. Die Diakonisse brachte mich wortlos in mein Bett zurück, und ich bekam erstmals so ein Leibchen an, wie ich es nur von Säuglingen kannte. Es war total unmenschlich, entwürdigend. Dabei lag, nur 20 Kilometer von Bethel entfernt, Gütersloh, wo Hermann Simon schon 1923 die Beschäftigungstherapie eingeführt hatte. Ich war später in Gütersloh; alle Patienten arbeiteten, und es war ganz ruhig. In Bethel lebten wir mit dem Bibelwort an der Wand: »Kommet her zu mir, alle, die Ihr mühselig und beladen seid, ich will Euch erquicken.«

Und womit wurden wir erquickt? Mit Kaltwasser-Kopfgüssen und Dauerbädern bis zu 24 Stunden. Noch schlimmer waren die nassen Packungen. Da wurde man so fest in kalte, nasse Tücher eingebunden, dass man sich nicht mehr bewegen konnte. Durch die Körperwärme wurden die Tücher erst warm, dann heiß. Ich schrie vor Empörung. Ich fand es unglaublich, dass die notwendigen Gespräche durch diese quälenden »Beruhigungsmaßnahmen« ersetzt wurden.

Denn natürlich wurden wir ohne Beschäftigung und Abwechslung, ohne ein einziges Gespräch, nicht einmal ein Aufnahmegespräch, nur im Bett liegend, obwohl wir körperlich gesund waren, unruhig. Wie sollten wir dieses unsinnige Verhalten als Hilfe erkennen können?

Aber das Schlimmste war: Als ich nach neun Monaten entlassen wurde, hatte man mich zwangssterilisiert. In meinem Buch habe ich das so erzählt: »Eines Abends – es war der 17. September – rasierte die Stationsschwester nach dem Bad meine Schamhaare. ›Wozu?‹, wollte ich wissen. ›Für einen notwendigen kleinen Eingriff.‹ Nie hätte ich für möglich gehalten, dass ein so folgenschwerer Eingriff vorgenommen werden könnte, ohne dass mit den Betroffenen vorher darüber gesprochen wird. Dass die Operation eine Sterilisation gewesen war, erklärte mir dann eine Mitpatientin. Ich war verzweifelt! Ich fühlte mich nicht mehr als vollwertige Frau. Unfruchtbar gemacht wegen geistiger Minderwertigkeit! Keine Kinder haben können! Nicht heiraten dürfen! Nicht Kindergärtnerin werden dürfen! Was blieb mir da noch? Die Ärzte bemerkten meine Verzweiflung und verlegten mich von der Offenen wieder in die Geschlossene für Depressive zurück.«

Wir galten nun offiziell als minderwertig und durften keine höheren Schulen besuchen. Später erfuhr ich, dass Pastor Fritz von Bodelschwingh 1931 bei einer Fachkonferenz zur Eugenik die

Dorothea Buck in ihrem Arbeitszimmer

Sterilisation aus christlichen Gründen mit folgender Begründung gefordert hatte: »Wenn die von Gott gegebenen Funktionen des Leibes (…) zum Bösen führen und zur Zerstörung des Königreiches Gottes in diesem oder jenem Glied, dass dann die Möglichkeit oder Pflicht besteht, dass eine Eliminierung stattfindet. Deshalb würde es mich ängstlich stimmen, wenn die Sterilisierung nur aus einer Notlage heraus anerkannt würde. Ich möchte es als Pflicht und mit dem Willen Jesu konform ansehen.« – Aber gerade Jesus forderte doch die Solidarität mit den Geringsten!

Ja, wir glaubten immer, Dein Leben sei veränderungsbedürftig, bis wir feststellen mussten, dass das nicht so war.

Mir war der Boden unter den Füßen weggerissen. Alles, was ich mir für mein Leben vorgestellt hatte, war unwiederbringlich verloren. Ich würde womöglich 60 Jahre mit dem Stigma »minderwertig« leben müssen. Da kam mir der Gedanke, dass ich einfach Schluss machen könnte. Das war meine Rettung. Wenn ich nur noch ein oder zwei Jahre vor mir sah, wurde meine Verzweiflung schon etwas geringer. Ich hatte wieder ein absehbares Ziel vor mir, denn ohne Ziel kann man nicht leben. Ab dem Moment fühlte ich wieder Kraft und kehrte ganz langsam in mein Leben zurück.

Ich lernte töpfern. Eine Anfrage meines Vaters ergab, dass die Anschaffung von Brennofen, Töpferscheibe und Tonzubereitungsmaschine für eine eigene Töpferwerkstatt zu viel kosten würde. Als Bildhauerin brauchte ich dagegen nur einen Modellierblock. Um meine Begabung zu prüfen, arbeitete ich erst einen Monat bei einer Keramikerin. Dann hatte ich einen weiteren Psychoseschub. Es fing immer mit einem veränderten Weltgefühl an. Man spürt plötzlich überall Sinnzusammenhänge. Daraus resultieren die Beziehungs- und Bedeutungsideen, die als schizophren gelten. Aber Psychiater haben Patienten nie nach ihrem veränderten Erleben gefragt. Wenn man überall Sinnzusammenhänge spürt, setzt man Ereignisse zueinander in Beziehung, die nichts miteinander zu tun haben. Dieses veränderte Weltgefühl hat sich mit jedem meiner fünf Schübe verstärkt. Beim letzten Schub 1959 war ich noch auf der Kunsthochschule hier in Hamburg. Ich brauchte plötzlich keine Uhr mehr. Fuhr ich mit Straßen- oder U-Bahnen, brauchte ich nicht zu warten. Als bewegte ich mich in einem geheimnisvollen Zusammenhang mit dem Ganzen. Ich brauchte meine Schübe fast, um mein Selbstvertrauen wieder zurückzugewinnen. Beim vierten Schub hatte ich ein Schlüsselerlebnis. Ich war 1946 wieder im inzwischen freundlicheren Bethel und teilte das Zimmer mit einer Diakonisse. Mitten in der Nacht wachte sie mit einer Psychose auf und sprach eine französisch klingende Sprache, obwohl sie nie Französisch gelernt hatte; sie entstammte aber einer Hugenottenfamilie. Mir kam der Gedanke, dass es ein Unbewusstes geben müsse, in dem Rhythmus und Klang der Sprache ihrer Vorfahren aufbewahrt waren, und dass auch meine Psychose nicht »eingegeben« sei, sondern aus meinem eigenen Unbewussten kommen müsse. Ich erinnerte mich an den ersten Ausbruch dieses Unbewussten, des Überwältigtwerdens. Ab da beobachtete ich mich genauer, auch das Aufbrechen von Impulsen, wie sie typisch für das Unbewusste sind. Ich folgte diesen Impulsen und merkte, wie sie allmählich wieder schwächer wurden, bis sie nur noch als Instinkt übrig blieben. Es folgte eine 13-jährige schubfreie Pause. Währenddessen folgte ich ganz meinem Instinkt. Dabei erklärte ich mir die Psychosen als eine Stauung von Gefühlen und Impulsen. Die gemeinsame Quelle von Traum und Psychose im Unbewussten wurde mir klar. Es fiel mir auf, dass mit dem Ausbruch meiner Psychose meine Nachtträume ausgesetzt hatten. Nun war ich sicher, es kommt beides aus derselben Quelle: dem eigenen Unbewussten. Wenn ich meine Vorstellungen auf die Traumebene verschob, konnte ich mir den Sinn meiner Psychose erhalten. Krankhaft ist ja nur, dass man es für wirklich hält. Seither bin ich psychosefrei.

Das wäre das Entscheidende, was die Psychiatrie zu leisten hätte: Mit den Patienten in Gruppen, besser als in Einzelgesprächen, zu reden. Und sie zeichnen oder malen zu lassen. Dann kann man die

Herkunft aus dem Unbewussten erarbeiten, wohl weil man diese Impulse zu wenig zulässt und zu sehr aus dem Verstand heraus lebt. Immer wird einer Psychose eine Lebenskrise vorausgehen, die wir mit unseren bewussten Kräften nicht lösen konnten, so wie auch Krankheiten Selbstregulationen sind.

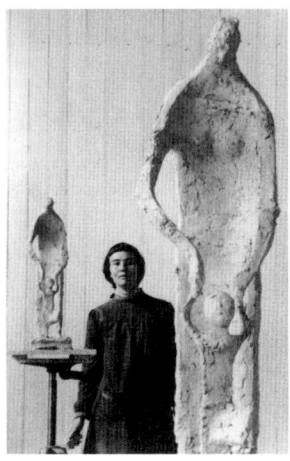

Inzwischen hatte ich meine Ausbildung als Bildhauerin beendet. Ich war kurz bei Toni Stadler, dann bin ich nach Hamburg zur Kunsthochschule gegangen und konnte bei Edwin Scharff, Hans Ruwoldt und Gustav Seitz studieren. Seit 1960 bewohne ich dieses kleine Häuschen und lebte von öffentlichen Aufträgen.

Erst 1961, während des Eichmann-Prozesses in Jerusalem, wurden die rund 220 000 Anstaltspatienten erwähnt, die von Psychiatern ermordet wurden. Noch am 20. April 1979 urteilte *Die Zeit* unter der Überschrift »Die Gesellschaft der harten Herzen – in den Schlangengruben der deutschen Psychiatrie«: »Keine Minderheit wird so schändlich behandelt wie die psychisch Kranken.« Unsere unmenschlichen Psychiatrien haben mich schon in den Sechzigerjahren so tief beunruhigt, dass es mich an die Schreibmaschine drängte. Solange es an Menschlichkeit fehlt, kann ich keine Kunst machen.

Auf der Kunsthochschule mit ihrer Arbeit »Geleitetes Kind«, 1956

Sehr erfüllt hat mich meine Arbeit als Lehrerin für »Kunst + Werken« an der Fachschule für Sozialpädagogik. Die Psychoseschübe habe ich verschwiegen.

Im *Deutschen Ärzteblatt* vom Januar 2007 stand, dass Werner Villinger, seit 1934 Betheler Chefarzt, noch am 13. April 1961 im Bundestagsausschuss für Wiedergutmachung »sich zu der Behauptung verstieg, durch eine Entschädigung den Zwangssterilisierten erst recht zu schaden: Es ist die Frage, ob dann nicht neurotische Beschwerden und Leiden auftreten, die nicht nur das bisherige Wohlbefinden und die Glücksfähigkeit dieser Menschen, sondern auch ihre Leistungsfähigkeit beeinträchtigen«. Und Pastor Bodelschwinghs Neffe und Nachfolger Friedrich von Bodelschwingh argumentierte am 21. Januar 1965: »Gäbe man den Sterilisierten selbst einen Entschädigungsanspruch, so werde nur Unruhe und neues schweres Leid über diese Menschen gebracht.« Bethel sterilisierte nach 1945 noch lange weiter.

Erst Klaus Dörner, Ärztlicher Leiter in Gütersloh, kümmerte sich seit 1984 um eine Entschädigung. Er erreichte unsere Anhörung am 24. Juni 1987 vor dem Innenausschuss des Bundestages. Aus Vorschlägen für das Bundesgesundheitsministerium entstanden 1989 die Psychose-Seminare, die ich zusammen mit Thomas Bock, einem Neffen von Dörner, begründete. Damit begann endlich das Gespräch mit den Betroffenen über die von ihnen erlebten Psychosen. 1990 brachte Hans Krieger im List Verlag mein Buch »Auf der Spur des Morgensterns – Psychose als Selbstfindung« heraus, das ich unter dem Pseudonym Sophie Zerchin geschrieben hatte – vertauscht heißt das: Schizophrenie. Es zog weite Kreise. Meine 94-jährige Schwester schrieb: »Ja, wir glaubten immer, Dein Leben sei veränderungsbedürftig, bis wir feststellen mussten, dass das nicht so war.« Später: »Du hast eine Tür aufgestoßen, die man nicht wieder schließen kann.«

Der Tod macht mir keine Angst. Ich denke wie Luther: Wenn ich morgen sterben würde, will ich heute noch mein Apfelbäumchen pflanzen. Was ich hier noch machen kann, das möchte ich auch noch machen. Und bei allem, was ich tue, fühle ich mich geleitet.

Else
Davidsohn

1903 – 2006

Kauffrau

Als ich 100 wurde, war es mir noch gar nicht so bewusst geworden, dass das etwas Besonderes ist, aber mit der Zeit gewöhnt man sich daran: Man wird von allen verwöhnt, man kann machen, was man will, niemand nimmt einem etwas übel – das gefällt mir. Aber das Alter bringt es auch mit sich, dass ich immer einsamer werde. Alle Verwandten, alle Freunde, die in meinem Alter waren, sind schon lange gestorben.

Dennoch fühle ich mich wohl. Ich habe genug Beschäftigung, mache meine Wohnung alleine. Na ja, für das Saugen und Fensterputzen habe ich jemanden, aber sonst mache ich alles selbst. Ich koche mir jeden Tag etwas, und zum Einkaufen werde ich meistens von guten Bekannten abgeholt.

Wir waren vier Kinder zu Hause in Berlin, drei ältere Brüder und ich. Ich war als jüngstes Mädchen sehr verzogen und habe immer alles bekommen, was ich wollte. Meine Freundin sagte später immer: »Auch wenn du 100 wirst, ein verwöhntes Kind bleibst du immer noch.«

Ich hatte wirklich eine schöne Jugend, war nie allein. Als ich älter wurde, gingen wir in Konzerte und zu Theaterpremieren. Es gab so schöne Theater in Berlin. Das Deutsche Theater, die Kammerspiele, die großen Schauspielerinnen und gute Schauspieler – ich habe sie alle gesehen. Die Zwanzigerjahre waren wunderschön. Es war noch alles in Ordnung. Wir haben zu Hause musiziert, meine Brüder und ich, und meine Mutter hat Klavier gespielt. Ich hatte am Konservatorium Klavierunterricht, aber sie konnte besser auswendig spielen. Für meine Ausbildung war ich im Letteverein, wo wir nicht nur gute Handarbeiten lernten, die ich nachher nie mehr gebraucht habe, sondern auch Sprachen- und gewerblichen, also kaufmännischen Unterricht erhielten.

Wir waren eine große Familie. Mein Großvater hatte 23 Enkelkinder, und wir sind immer alle zusammengekommen. Er starb mit 80 Jahren, als sein liebster Enkel im Ersten Weltkrieg gefallen ist. Das war das erste Unglück. Dann starb mein Onkel, den ich sehr geliebt habe. Aber der tiefste Einschnitt kam, als mein Vater starb. Da war ich 26, und es war der erste schwere Schlag in meinem Leben. Er starb von einem Tag auf den anderen. Bis dahin war alles gut gewesen, jetzt änderte sich mein Leben von Grund auf.

Wir hatten ein großes Herrenbekleidungsgeschäft, und ich habe es so lange weitergeführt, bis ich 1930 geheiratet habe. Mein Mann kam aus derselben Branche, aber nach zwei, drei Jahren wurde er sehr schwer krank.

Dann kamen die Nazis an die Macht, und mit ihnen kam der Judenhass. Zunächst fühlten wir uns sicher. Wir waren doch treue Deutsche und alle drei Brüder hatten im Ersten Weltkrieg gekämpft. Aber dann kam der November 1938! Unser Geschäft und unsere Wohnung lagen in einem Eckhaus übereinander, und am 10. November 1938 sind die Strolche heraufgekommen und haben alles zertrümmert.

Sie sagten uns, wir sollten nach draußen gehen, und als wir wieder hereinkamen, lag alles in Scherben, überall war Glas. Alle Fenster waren zersplittert, Gläser, die Vitrine mit dem Kaffeegeschirr, alle

Lampen – alles kaputt geschlagen. Die Betten waren beschmiert. Das Chaos kann man sich nicht vorstellen, es war entsetzlich. Auch unten im Geschäft waren alle Scheiben zerschmissen. Ich musste die Scherben allein wegräumen, niemand durfte mir helfen. Am Sonntag kamen die Leute, das Durcheinander sensationslüstern zu begucken, und am Montag rief die Polizei an, mein Mann sollte hinkommen. Ich habe ihn natürlich nicht gehen lassen, sondern bin selbst gegangen. »Sie müssen die Fenster machen lassen. Das geht doch nicht«, hieß es dort. Wir mussten alles mit Pappe zukleben, denn Glas war nicht zu kriegen, zu viele Scheiben waren zerstört worden. Wir mussten woanders übernachten, aber wo? Uns Juden wollte niemand aufnehmen.

Nach diesem entsetzlichen Erlebnis stand für uns fest, dass wir auswandern mussten. Aber wohin? Für Amerika, wo schon zwei meiner Brüder lebten, fehlte uns das Geld. Auch konnten wir meine Mutter und meine Schwiegermutter nicht alleine lassen. Also mussten wir zuerst einmal die beiden Frauen im Heim unterbringen, und erst danach versuchten wir, irgendwie aus Deutschland herauszukommen.

Meinem Mann drohte schon der Abtransport ins KZ, als er im letzten Augenblick von einer Hilfsorganisation nach England gebracht wurde. Frauen durften da nicht mit. Wir verabredeten, dass ich später nachkommen würde. Doch dann war Krieg, ich konnte nicht fahren und blieb alleine zurück. Eines Tages wurde ich auf das Polizeipräsidium gerufen und hatte große Sorge, was nun passieren würde.

Aber ich hatte einen Schutzengel, Gott sei Dank. Man teilte mir inoffiziell mit, dass das letzte Schiff im Oktober 1939 nach Palästina gehen würde. Wir mussten angeben, was wir mitnehmen wollten. Ich erinnere mich, dass man anfangs seinen ganzen Schmuck mitnehmen konnte. Und so naiv wie wir waren, haben wir auch alles angegeben. Es kam ein Mann, um das zu kontrollieren, und eine Woche später mussten wir doch alles abgeben. Und zusätzlich mussten wir noch die Judenabgabe bezahlen.

Eines Nachts schlichen wir als Gruppe von 15 Menschen mit unserem Gepäck zum Anhalter Bahnhof, fuhren mit der Bahn bis

Wien, wo wir auf ein Schiff gingen. Auf dem Meer mussten wir auf ein anderes Schiff umsteigen. Dreieinhalb Monate fuhren wir mit 700 Leuten auf diesem Kohlenbunker durch alle Gewässer. Die Verpflegung war eine Katastrophe. Wir kämpften mit Seekrankheit, ein Kind wurde geboren. Einmal mussten wir sechs Wochen lang auf eine Erlaubnis zur Weiterfahrt warten, es war ja alles illegal.

Ich lernte, nur an das Notwendige im Augenblick zu denken. Nur nicht an die Zukunft denken, nur nicht über die Vergangenheit, über die Verwandten grübeln! An Bord wurde ich Brötchen-Else genannt, weil ich mich mit Brot und Zwieback durch Sturm und Regen über das schlüpfrige Deck zu den hungrigen Passagieren durchgekämpft habe. Im Januar erreichten wir schließlich bei eisigem Wetter das Mittelmeer, und die Engländer übernahmen unseren illegalen Auswanderertransport. Am 29. Januar 1940 konnten wir endlich nach fast vier Monaten Angst, Hunger, Kälte und Nässe in Haifa an Land gehen. Wir waren gerettet!

Bei all dem Schrecklichen gab es auch etwas Schönes: Auf dem Schiff habe ich meine Freundin fürs Leben kennengelernt, mit der ich dann 65 Jahre bis zu ihrem Tod zusammenleben sollte. Sie war an Bord Krankenschwester und pflegte alle Kranken.

Ein Miniherrenjackett; das Hochzeitsgeschenk der Brüder zu Elses Hochzeit

In Palästina kamen wir zunächst in verschiedene Heime, blieben aber dann immer zusammen, bis wir schließlich durch Glück die Möglichkeit bekamen, eine Wäscherei zu pachten. Das war für die nächsten 18 Jahre unsere Existenzgrundlage. Wir konnten zwar kein Hebräisch, aber damals kam man noch wunderbar mit Deutsch durch.

Es ist so ein Gefühl, ein Lebensgefühl,
dass ich weiß, mir passiert nichts.

Unter einfachsten Umständen mussten wir pro Woche für 100 Kilo Wäsche auf einem Spirituskocher das Wasser erhitzen und alles mit der Hand waschen. Da ich mit Anzügen umzugehen wusste, wuschen wir viel für das englische Militär. Meine Freundin hätte glatt die Bügelfalten auf der linken Seite angebracht. Aber ich habe es ja gewusst, und sie hat schnell gelernt, die schweren Militärsachen zu bügeln. Wir hatten ja auch keine andere Wahl. Sie war dann ein paar Wochen sehr krank, und ich musste alles alleine machen. Es war die schwerste Arbeit, die ich je gemacht habe. Aber so ist es weitergegangen.

Von meiner Familie habe ich noch 1942, an meinem Geburtstag, gehört. Meine Mutter schrieb in einem Brief, dass es allen, dem Bruder mit Familie, Onkel, Tanten, gut ginge. Aber meine Freude war verfrüht. Später erfuhr ich, dass sie kurz darauf alle abtransportiert worden waren – Theresienstadt, Auschwitz, vergast.

1945 kam dann endlich mein Mann mit dem ersten Schiff aus England. Er half uns in der Wäscherei, aber er war ja schon krank und starb 1954 an Krebs. Danach wollten wir doch zurück in die alte Heimat. Ich wollte aber auf gar keinen Fall nach Berlin. Zu tief saß die Angst durch die schrecklichen Erlebnisse vom November 1938. Bei meiner Freundin war es anders, sie schwärmte immer von Hamburg, und so gingen wir 1956 aus dem inzwischen gegründeten Staat Israel nach Hamburg zurück. Meine Bedingung war, dass ich entweder selbständig arbeiten wollte oder ganz aufhören dürfte. Meine Freundin bekam dann bald eine gute Stelle bei einer Behörde, und ich blieb mit 55 Jahren zu Hause und machte für uns den Haushalt.

Mit dem Geld der Wiedergutmachung konnten wir 1968 diese Eigentumswohnung kaufen, in der ich heute noch lebe. Wir konnten noch viele schöne Reisen machen, besonders nach Sentas Pensionierung. Wir wurden auch häufig eingeladen, über unsere Zeit in Israel Vorträge zu halten. Es war eine gute Zeit mit ihr. Senta und ich hatten dieselben Interessen, mal bestimmte die eine, mal die andere. Wir waren wie gute Eheleute. Dann bekam sie Krebs, und ich habe sie hier zu Hause bis zu ihrem Tod gepflegt – wie schon einmal meinen Mann. Mit 85 Jahren ist sie dann gestorben. Das ist nun schon sieben Jahre her, aber sie fehlt mir immer noch. Ich bin eigentlich eine Stehauffrau, aber als Senta starb, hatte ich allen Lebensmut und Optimismus verloren. Als ich mit dem Testament beim Notar war, konnte ich kaum meinen Namen schreiben. Ich war doch schon 95 Jahre alt und wollte mich eigentlich nicht mehr neu im Leben einrichten. Es überrascht mich immer noch, dass sich das Leben doch wieder gemeldet hat. Aber was soll man machen. Jetzt bin ich frecher und fröhlicher als je zuvor. Ich weiß nicht, wie es möglich war, dass ich mich doch noch umstellen konnte und nun ganz zufrieden alleine leben kann. Ich sehe, wie die Menschen meckern, und da denke ich: Eine muss ja fröhlich sein.

Angst vor dem Tod habe ich nicht, aber ein Testament habe ich gemacht.

Vielleicht haben wir als Juden das in uns, das Gefühl, dass irgendwann einmal etwas Großes kommt, dass man doch ein bisschen Frömmigkeit fühlt und dass man die Katastrophen auf lange Sicht nicht so tragisch nimmt. Ich jedenfalls nicht. Es ist so ein Gefühl, so ein Lebensgefühl, dass ich weiß, mir passiert nichts, ich behalte meine Fröhlichkeit.

Liebe und Erotik haben in meinem Leben keine große Rolle gespielt. Ich weiß auch warum. Ich hatte drei Brüder, und alle drei haben sehr auf ihre kleine Schwester aufgepasst. Ich ging zwar mal zur Tanzstunde, aber das war natürlich alles in Ehren. Wir waren auch im Ruderclub, da war immer viel los im »Welle Poseidon Ruderclub«. Es sind immer so viele Jungs zu uns gekommen, man hat jedoch davon gar nichts gemerkt. Was heutzutage so los ist, da komme ich gar nicht mehr mit.

Wenn ich jetzt im Fernsehen die Berichte über fremde Städte sehe, freue ich mich immer, dass ich die alle früher gesehen habe. Meine Mutter hatte drei Schwestern, und alle drei hatten keine Kinder. Besonders von einer wurde ich viel auf Reisen in Bäder mitgenommen. Sie hat ihre Kuren gemacht, und ich habe ihr die Gläser zum Trinken gebracht.

Ich finde das Altwerden eigentlich nicht so schlecht. Körperlich geht es mir gut. Ich habe Kontakt mit vielen Leuten. Seit ich 100 geworden bin, kommen immer mehr. Ich bin eingebunden in der jüdischen Gemeinde, habe aber auch viele christliche Freunde. Der Pfarrer dieser Gemeinde hier besucht mich öfter, und mein junger Hausarzt macht regelmäßig Kontrollbesuche. Aber immer geht es mir gut, und er zieht fröhlich wieder ab.

Von meinen Verwandten lebt nicht einer mehr. Das ist das Schlimme, sie vermisse ich natürlich sehr, weil wir früher alle so familiär waren. Wir waren immer, immer alle zusammen. Das war ja früher noch ganz anders: Es gab noch kein Radio, kein Fernsehen. Man saß zusammen und machte Spiele, Handarbeiten und unterhielt sich angeregt.

Angst vor dem Tod habe ich nicht, aber ein Testament habe ich gemacht. Das war gar nicht so leicht. Man muss ja an alles denken und bestimmen, wer kriegt das und wer kriegt das. Etwas ist ja da. Ich habe jedenfalls einen Stein zusammen mit meiner Freundin gesetzt und für meine Beerdigung vorgesorgt. Von all meinen Bekannten fragt niemand jemals, ob ich krank sei. Und wenn ich gestorben bin, dann werden sie sagen, die ist gar nicht tot.

Johanna Fischer

Jahrgang 1926

Gärtnerin

Jetzt sitzen wir in der Tinte und ändern wird es sich nie.

Auch mit 80 fühle ich mich wohl. Ich kann arbeiten, ich kann noch meine ganze Wohnung alleine in Ordnung halten und habe guten Kontakt mit den Kunden. Ich wohne hier in Erfurt in demselben Gebiet, wo ich schon als Kind gelebt habe. Alles ist mir vertraut, ich habe meine Familie um mich herum, und das ist auch wertvoll. Natürlich gehen die Gedanken manchmal zurück, wie es früher war.

Ich kann mich noch genau daran erinnern, wie die Juden verfolgt wurden. Ich hatte in der Klasse ein jüdisches Mädchen, das war plötzlich nicht mehr da. Ich habe auch erlebt, wie die Synagoge brannte. Das war am 10. November, und es wurde gerade – so wie heute noch – die Martin-Luther-Feier auf dem Domplatz gespielt. Wir wollten uns Laternen kaufen. Da habe ich gesehen, dass in vielen Geschäften die Scheiben zerschlagen waren. Schaufensterpuppen und anderes lag auf der Straße. Ich konnte mir aber gar nicht vorstellen, warum und was da jetzt passierte. Wir hatten in Erfurt sehr viele Juden, viele jüdische Betriebe, Mantelfabriken, Schuhfabriken. Es gab auch viele Rechtsanwälte, die dann zum Teil schnell geflohen sind. Meine Eltern hatten ein Lederwarengeschäft, dort kauften die Betreffenden Riesenkoffer, und dann wussten wir, die gehen jetzt auch. Es war schon einschneidend. Als Kind trägt man das nicht lange mit sich herum. Wenn ich heute etwas darüber höre, wird mir erst bewusst, wie schlimm es war und wie es die Leben der Betroffenen verändert hat, wenn sie überhaupt überlebten.

Dann folgte der Krieg. Erfurt wurde nicht wirklich bombardiert. Es war nicht so schlimm wie in anderen Städten. Ich gucke das immer im Fernsehen an, mein Sohn schimpft dann, aber ich muss noch einmal sehen, wie sich alles abgespielt hat. Ich war ja nicht zu Hause. Nachdem ich die 10. Klasse beendet hatte, musste ich mein Pflichtjahr machen. Ich wollte gerne in einen Försterhaushalt in einen Wald. Meine Mutter kümmerte sich darum. Sie war immer sehr besorgt um mich als einzige Tochter. So kam ich nach Hannoversch Münden, in eine wunderschöne Stadt, und arbeitete ein Jahr in der Hauswirtschaft. Jede Woche hieß es Fenster putzen, jede Woche dieses, dann das, aber ich habe es gut gehabt. Einmal im Monat fuhren wir nach Kassel in die Oper, das war sehr, sehr schön. Meine Mutter wollte etwas ganz Besonderes aus mir machen und schickte mich nun nach Eisenach in eine Haushaltsschule. Wenn ich heute daran denke, da haben wir schöne Stunden erlebt. Die Schule lag zwischen Wartburg und Burschenschaftsdenkmal. Eine Mitschülerin kam aus Magdeburg, eine andere aus Dänemark, da war schon manches los.

Viel später kam ich zum Arbeitsdienst nach Schwarza bei Rohr. Das war ein großes Barackenlager, und die strenge Führerin mit Schäferhund passte dazu. Wir wurden zu verschiedenen Arbeiten eingeteilt. Zuerst war ich in einer Fabrik für Bestecke. Beide Söhne

Da war ich 19,
und ich habe meinen
ersten Mann getroffen.

waren im Krieg. Als zweites kam ich in einen Kindergarten. Dort war es sehr schön, es gab drei Mal in der Woche süßsauren Kürbis mit Kartoffeln. Mitte 1944 behielten wir unsere Uniformen noch und mussten zum Kriegshilfsdienst. Zunächst wurden wir in Freyburg an der Unstrut am Horchgerät ausgebildet und später in Baden bei Wien. Wir kamen in ein Riesenlager, wo viele Flüchtlinge waren. Es waren große Baracken, immer drei Stock übereinander.

Nach der Ausbildung am Horchgerät wurden wir zunächst wieder nach Freyburg geschickt und dann auf die Insel Usedom in ein Riesenlager. Die meisten dort waren Soldaten, die wir grüßen mussten. Dann eines Tages hieß es antreten und viele Kilometer laufen. Wir wussten nicht warum, bis es ein paar Mal fürchterlich geknallt hat. Ich habe erst nach dem Krieg erfahren, dass dort die V2-Rakete ausprobiert wurde. Von dort ging es wieder zurück nach Freyburg. Als der Krieg zu Ende war, saßen wir dort fest und halfen mit im Weinberg. Eines Tages hieß es: »Du, hier ist einer, der will nach Sömmerda.« Ich sagte: »Den muss ich mir angucken.« Er wollte tatsächlich zu Verwandten nach Sömmerda, und am nächsten Morgen gingen wir los. Mein Begleiter konnte fließend Englisch und hat die Amerikaner immer angesprochen. Die gaben uns dann mal Kaffeepulver oder Kaugummi oder so etwas. Wenn wir übernachteten, durfte ich immer ins Wohnzimmer und er musste in die Scheune. In Sömmerda hatten seine Verwandten ein großes Gut. Sie fragten

Johanna Fischer beim Ernten der Brunnenkresse

mich, wo ich herkäme. Als ich antwortete, dass ich aus Erfurt käme und meine Eltern dort ein Lederwarengeschäft hätten, sagten sie: »Na, da kaufen wir doch immer.« Das war gleich heimatlich. Darauf sagte ich: »Mein Onkel ist hier bei Rheinmetall, ich weiß ja nicht, was sich hier jetzt alles tut.« Und sie meinten: »Gehen Sie doch einmal hin, die Amerikaner sind dort und alle werden verhört.« Ich fragte nach Alfred Linke, doch er saß gerade beim Verhör. Ich sollte warten, er käme nachher und der Jeep, der dort mit einem kohlrabenschwarzen Mann stünde, führe ihn dann nach Erfurt. So bin ich nach Hause gekommen. Meine Mutter wunderte sich, wo ich denn herkäme.

Da war ich 19, und ich habe meinen ersten Mann getroffen. Wir wurden sowjetisch besetzte Zone. Ich habe gesehen, wie die Russen mit ihren Wagen mit Plane obendrüber angekommen sind. Später wurde die DDR gegründet. Weg gingen wir nicht. Wir blieben und warteten ab, was auf uns zukäme. Seine Eltern hatten die Brunnenkresse und Kirschen, ich hatte keine solche Aufgabe, aber unsere Tochter. Wir wohnten mit zwei Schwägerinnen, die ausgebombt worden waren, in der Villa. Von der Gothaer Straße an war alles durch Planken abgetrennt. Da standen wunderschöne Villen, die die Russen kaputt gemacht haben. Ganz vorn an der Straße ist ein großer Klinkerbau. Hier konnte man die Menschen, die sie unschuldig eingesperrt hatten, schreien hören. Auch wenn ich heute da vor-

LINKS: Johanna Fischer mit Sohn und Tochter   RECHTS: Mit einer Freundin, 1943

beikomme, denke ich immer noch daran. Ich denke, was haben die Menschen gelitten, für nichts und wieder nichts.

Ich bin dann von meinem ersten Mann geschieden worden. Mit meinem zweiten Mann hatten wir eine schöne Gärtnerei mit eigenen Ländereien und viel Pachtland dazu, hier oben am Steiger, einem großen Hang. Wir zogen hauptsächlich Blumenkohl. Gewässert wurde immer in der Nacht mit Stadtwasser. Als dann nach und nach alles hier bebaut wurde, haben sich die Leute über den Lärm beschwert, wir mussten aufgeben. Wir haben anderes Land gepachtet, hatten auch das Vorkaufsrecht und haben eine Bohrung gemacht, um Wasser zu haben. Wasser muss ein Gärtner haben. Es waren sehr schöne Ernten, aber dann wurde das Land einfach bebaut. Für das, was es uns gekostet hat, haben wir nicht einen Pfennig bekommen, nie. Das Geld war weg. Viele Hochhäuser stehen da jetzt, heute haben sie sie zum Teil wieder abgerissen.

Wir hatten die schönen Brunnenkresse-Klingen, wir hatten ja mehrere, die wir alle abgeerntet haben. Es gab viele kleine Gemüsegeschäfte, die kamen und holten das, was sie brauchten. Es ging gut damals, weil es nichts zu essen gab. Die Brunnenkresse wurde nämlich auch als Spinat gekocht. Aber die gesamte Klinge wurde später zugeschüttet. 1960 sind wir enteignet worden. Die kamen mit Lautsprecher hier vor die Tür und forderten unsere Leute auf, eine Genossenschaft zu gründen. Da ist mein Mann rausgegangen und hat zu denen gesagt: »Wenn ihr jetzt nicht macht, dass ihr hier wegkommt, dann lernt ihr mich kennen. Egal, was ihr mit mir macht. Wenn, dann kann ich das machen, aber nicht meine Angestellten.«

Zu einem bestimmten Termin sollten wir in das Hotel »Erfurter Hof« kommen. Es war dasselbe Hotel mit den wunderschönen Marmorsälen, in dem ich einmal Tanzstunde hatte. Als Erstes haben wir gedacht, da gehen wir nicht hin, das machen wir nicht. Was machen die, wenn wir Nein sagen? Es ging auch ziemlich hart hin und her, bis sie kamen und sagten: »Also, ihr habt jetzt noch zehn Minuten Zeit, euch das zu überlegen. Raus kommt hier keiner. Es ist alles zugeschlossen.« Was sollten wir machen? 1960 war die Gärtnerei noch verschuldet. Wir hatten die ganzen zehn Jahre vorher nur abgezahlt. Mein Mann musste seine Geschwister noch auszahlen, und alles das hatten wir in den zehn Jahren nur knapp geschafft.

Ab diesem Moment war mein Mann in seinem eigenen Betrieb nur noch Angestellter. Es gab einen so genannten Vorsitzenden. Da wir die kleinste Genossenschaft waren, waren wir mit allem klein, eine Pflanzmaschine kriegten wir nicht. Wir hatten vorher einen Landtraktor, so einen kleinen, schönen, an ihm hat mein Mann sehr gehangen. Wir haben ihn nie wiedergesehen. Dann wurden auch die Brunnenkresse-Klingen zugefüllt. Das erleben zu müssen, tat weh. Bei diesen Klingen stimmten einfach alle Voraussetzungen: Die warmen Quellen, das Wassergefälle, die Art des Wassers, das aus dem Fels kam. Ich sollte Rechnungslegung machen, aber die große Partei sagte: Die darf nicht. Wir galten ja als Ausbeuter. Daraufhin habe ich gemeint: »Ach, weißt du was, zum 30.6. kann man kündigen. Ich kündige.« »Ja«, sagte mein Mann, »das ist besser so.«

Nun wussten wir nicht, wie es weitergehen sollte. Doch hier kam immer eine Dame mit ihrem Pudel vorbei, mit der haben wir einmal gesprochen. Sie erzählte, dass sie oben auf der EGA an der Kasse säße, aber noch jemanden bräuchte. Da habe ich gesagt: »Das mache ich.« Ab da habe ich oben gearbeitet und 2,71 Mark die Stunde bekommen. Das war es. Ich habe immer gesagt: »Jetzt sitzen wir eben in der Tinte, und eines weiß ich, ändern wird es sich nie.«

Als die Wende kam, sind wir jedes Mal auf den Domplatz gegangen. Auch zu meinem großen Enkel Joachim habe ich gesagt: »Du gehst mit. Nicht für uns, für euch.« Er kam mit. Dort war ein Podest aufgestellt, von dem aus einer sprach. Er sagte, wir sollten ruhig sein und möchten bitte nicht dazwischenrufen und so weiter. Dann trat unsere Rosi auf. Rosi, die rote Socke, unser großer Chef, die Bürgermeisterin. »Buuhuuhuu!«, haben die Leute geschrien. So etwas hatte ich noch nicht erlebt. Es war ein wahnsinniger Krach, und niemand wusste, was passieren würde. Wir hatten wirklich Angst. Zu Joachim habe ich gesagt, er solle, wenn es dicke Luft gäbe, abhauen. Aber dazu ist es glücklicherweise nicht gekommen. Die Rosi hat noch gesagt:

»Erlaubt mal, ich denke, ihr liebt mich. Jetzt ruft ihr Pfui.« Dann ist sie runter vom Podest und nicht mehr hochgeklettert. Später passierte das mit der Staatssicherheit im Gerichtsgebäude am Domplatz. Einige Bürger passten jedoch gut auf und bemerkten, dass da einiges ganz schnell verbrannt werden sollte. Noch jetzt hört man immer mal wieder den Bericht darüber, wie der Schornstein geraucht hätte. Ein Teil ist verbrannt worden, und alles werden wir nie erfahren.

Mein Leben war früh durch die äußeren Zwänge bestimmt.

Im Jahr 1991 bekamen wir unser Eigentum zurück. Es war völlig zerstört. Um noch einmal von vorn anzufangen, waren wir zu alt. Das hat mein Mann nie verwunden: »Was haben wir gearbeitet. Wo wollten wir überall hinreisen. Alles aufgebaut, alles weg, alles kaputt. Die Ländereien habe ich jetzt verpachtet, für 273 Euro. Im Jahr!«

Mein Mann ist jetzt fünf Jahre tot. An sich war er gesellig, aber nach dieser Sache hatten wir keine Freunde mehr. Er hatte mit allem abgeschlossen. Eines Tages kam plötzlich mein Sohn und kündigte an: »Wir bauen die Klinge wieder auf.« Am Anfang habe ich gedacht, du lieber Himmel, das wird nichts, da ist zu viel kaputt gemacht worden. Aber alle haben mitgeholfen. Jetzt wächst die Brunnenkresse wieder, und ich kümmere mich um die Ernte und den Verkauf. Ich freue mich, wenn ich Verkaufstag habe, weil ich mich dann unterhalten kann. Man kennt sich über die Jahre hinweg.

Mein Leben war früh durch die äußeren Zwänge bestimmt: Hitlerzeit, Krieg, Nachkriegszeit, DDR. Am meisten hat uns Kraft gekostet, dass die viele Arbeit umsonst war. Ich war wirklich von früh bis spät mit draußen, habe mich gefreut, wenn wir etwas geschafft hatten und unsere Schulden abtragen konnten. Es tut weh, wenn in wenigen Stunden alles weg ist.

Mit dem Älterwerden habe ich kein Problem. Ich bin gesund, kann alles noch machen. Aber ab und zu denkt man doch einmal daran: Was wird, wenn du das einmal nicht mehr machen kannst?

Edeltraud Forster

Jahrgang 1922

Äbtissin em. der
Benediktinerinnenabtei
St. Hildegard, Eibingen
bei Rüdesheim

*Ich weiss nicht, ob das Leben mich liebt,
aber Gott hat mir die Gnade erwiesen,
dass ich das Leben liebe.*

Dieses Motto könnte über meinem Leben stehen, und dafür bin ich dankbar. Ich erlebe meine Identität als Frau früher und heute als sehr verschieden. Goethe sagte: »Das Leben ist ein Abenteuer.« Es ist eine Reise in ein fernes, unbekanntes Land. Ein Abenteuer, das unterwegs erfahren werden muss, um bestanden zu sein, mit allen Gefahren und Gefährdungen. Goethe sagte auch: »Denn soviel Neues ich finde, find' ich doch nichts Unerwartetes.« Im Alter entdeckt man den roten Faden in seinem Leben, insofern ist das Altwerden etwas Wunderbares, eigentlich doch wohl die Krönung des Lebens.

Ich danke meinen Eltern für ein gläubiges, in gutem Sinne katholisches Elternhaus. Meinen Vater habe ich leider nicht gekannt. Ich war zwei Jahre alt, als er starb, ein Brüderchen starb vor meiner Geburt. Als mein Vater heimging, erwartete meine Mutter ihr drittes Kind. Diesen Bruder habe ich noch in Erinnerung, aber auch er wurde nur dreieinhalb Jahre alt. So blieb ich am Ende das einzige Kind. Meine Mutter und ich waren sehr arm. Aber dennoch habe ich in meiner Kindheit nichts entbehrt. Nach vier Jahren Witwenzeit heiratete meine Mutter wieder. Wenn ich an meinen zweiten Vater denke, dann habe ich einen guten und liebevollen Menschen vor Augen. Ich habe von Vater und Mutter so viel Liebe empfangen, dass ich in großer Dankbarkeit an sie zurückdenke.

Wir lebten in Bottrop, wo ich zur Schule ging und mitten im Krieg mein Abitur machte. Während der Schulzeit blieb mir ein Erlebnis haften. Am Tag nach der Reichskristallnacht sah ich eine Menschenmenge vor einem Textilgeschäft stehen. Ich glaubte zunächst, eine nackte Frau zu erkennen. Als ich näher kam, erkannte ich, dass die Scheiben zersplittert waren und die Stoffe herausgerissen, Menschen weinten. Die nackte Frau war eine Schaufensterpuppe, der man alle Kleider abgerissen hatte. SA-Leute schrien: »Weiter, weiter, hier haben Sie nichts zu suchen.« Als ich dann in die Schule kam, sagte unsere Lehrerin: »Es ist etwas Unglaubliches passiert.« Sie weinte, wir Mädchen saßen mucksmäuschenstill. In der Schule wurde gesagt, man hätte die Juden deportiert. Wir konnten nicht begreifen, was das bedeuten sollte: Geschäfte zertrümmern und Menschen verjagen. Im Nachhinein kann ich sagen, ich war sprach- und fraglos, weil ich nicht wusste, was ich fragen und sagen sollte.

Während des Krieges mussten wir bei Fliegeralarm in den Luftschutzkeller, und einmal kamen zwei Mitschülerinnen nicht wieder zurück. Nach dem Abitur verkündete dann der Oberbürgermeister: »Eine deutsche Frau braucht kein Studium!« Wir wurden zum »Kriegsdienst an der Heimatfront« eingezogen und hatten die Wahl zwischen Munitionsfabrik, Flakhelferin oder Rotem Kreuz. Mein Onkel als Leiter des Gesundheitsamtes brachte mich beim Roten Kreuz unter. So arbeitete ich als Hilfskrankenschwester im Lazarett.

Ich hatte ganz andere Jugendträume gehabt, wollte Fallschirmspringerin werden oder Balletttänzerin. Vor einem Spiegel habe ich heimlich meine Positionen geübt. Einmal kam mein Vetter dazu und fragte: »Was machst du denn da für Faxen?« »Ich will zum Ballett«, sagte ich entschieden. »Du zum Ballett«, sagte er, »du bist viel zu dick und viel zu klein!« Zunächst dachte ich noch, na ja, es gibt wohl auch kleinere und dickere Schauspielerinnen, und deklamierte die Monologe aus Goethes Faust mit Inbrunst.

Im Lazarett war ich auf einer Station mit 29 Betten, eine Ordensschwester betreute die Küche, und mich schickte man in die Pflege. Zwischendurch habe ich in einem Hochbunker Wöchnerinnen versorgt und ein paar Geburten miterlebt. Wenn ich keinen Dienst hatte, blieb ich bei meinem Großvater. Er war mein großes Vorbild. Nach einem Schlaganfall saß er immer ganz friedlich auf dem Sofa. Einmal klopfte es laut an der Tür: »Schwester, kommen Sie, es ist Alarm, kein Telefon, kein Licht, und meine Frau bekommt gleich das Kind, ich weiß nicht, was ich machen soll.« Als ich ankam, stand der Mann mit einer Kerze am Bett, und ich habe der Frau bei der Geburt beigestanden. Das Kind ließ sein Köpfchen hängen, war ganz blass, und ich dachte: »Du lieber Gott!« und habe es notgetauft. Verzweifelt habe ich das Kleine unter kaltes Wasser gehalten, und da fing es an zu schreien. Als es schließlich mit rosigen Bäckchen gewickelt auf dem Kissen lag, kam der Strom und damit das Licht wieder. So war der Krieg.

Beim Einzug der Amerikaner und Engländer arbeitete ich in einem Tiefbunker unter der Stadt. Wir mussten den Siegern entgegengehen, um zu sagen, dass es unten nur alte Leute und Kinder gab. Der Arzt und die Rotkreuzschwester schickten mich vor, weil ich »am besten Englisch konnte«. Ich nahm an jede Hand zwei Kinder und stellte mich mitten auf die Straße. Langsam rollten die Panzer direkt auf mich zu. Auf den Bürgersteigen liefen Soldaten mit Maschinengewehren und an den Häusern mit kleineren Waffen, immer auf Lücke. Mein Herz schlug mir bis zum Hals. Ich dachte: Wenn Gott will, dass das jetzt deine Stunde ist, eine bessere kann er gar nicht wählen als diese. Als die Panzer etwa acht Meter vor mir waren, hörte ich einen schrillen Pfiff und alles stand still. Zwei Offiziere kamen auf mich zu. Ich versuchte, mich ihnen verständlich zu machen. Die Kinder liefen zu den Soldaten, bekamen Bonbons und Schokolade. Die Offiziere begleiteten mich hinunter. Wieder oben, beschlossen sie, ich könnte hinuntergehen. Um drei Uhr dürften wir den Bunker

verlassen, dann wäre die Front über uns hinweggerollt. Das war am Karfreitag 1945. Für uns war der Krieg damit zu Ende.

Im Mai habe ich mich zum Wintersemester nach Münster beworben und erfuhr, dass ein Medizinstudium nicht möglich war, weil alle Laboratorien zerstört waren. Also habe ich Religions- und Sozialpädagogik studiert und zusätzlich Theologie gehört, obwohl man als Frau 1949 dann noch kein Diplom machen durfte. Dort lehrte Hermann Volk, mein verehrter Professor, der spätere Kardinal und Bischof von Mainz. Gott hat ihn als Werkzeug benutzt, um mich in seinen Dienst zu rufen. Er hat mir die Augen dafür geöffnet, dass der Sinn meines Lebens wohl nicht nur sein konnte, Medizin zu studieren.

Während meines Studiums lernte ich die Benediktinerabtei Gerleve bei Münster kennen. Dort fragte ich: »Gibt es so etwas auch für Frauen?« Sie antworteten: »Ja, St. Hildegard in Eibingen bei Rüdesheim, das wäre etwas für Sie.« Dort wollte man mich zunächst nicht nehmen, weil die Schwestern so arm waren. Der Konvent war erst 1945 aus dem Exil heimgekehrt. In einem Studentengottesdienst, den Professor Volk hielt, predigte er über den »Gang Petri über das Wasser« (Mt. 14,28 ff.). Dort sagt Petrus: »Herr, wenn du es bist, dann lass mich über das Wasser zu dir kommen.« Darauf sagt Jesus nicht:

LINKS: Während des Studiums, 1948
RECHTS: Vor der Benediktinerinnenabtei St. Hildegard

45

»Du bist doch Fischer, du weißt doch, dass Wasser nicht trägt«, sondern er sagt nur: »Komm.« Kardinal Volk hatte eine sehr gestenreiche Sprache, und so traf mich dieses »Komm« mitten ins Herz. Drei Wochen später fuhr ich nach Gerleve, kniete am Sakramentsaltar und sah ein Spruchband, auf dem in lateinischer Sprache stand: »Komm, wenn du liebst.« Ich betete: »Gott, wenn du mich wirklich haben willst, dann lass mich nach St. Hildegard kommen.«

Sechs Wochen später wurde ich tatsächlich hier aufgenommen, 1950 eingekleidet und erhielt den Namen Schwester Edeltraud. Die ersten Jahre im Kloster waren schwer, aber ich habe im Noviziat auch viel gelernt. Ich arbeitete erst im Weingut, dann sechs Jahre in der Hausmeisterei, anschließend acht Jahre lang in der Waschküche und gleichzeitig an der Pforte in der Gästebetreuung. 1961 wurde ich Novizenmeisterin und habe 74 junge Frauen in das klösterliche Leben eingeführt. 17 Jahre später wurde ich zur Äbtissin gewählt und hatte dieses Leitungsamt über 20 Jahre lang inne. In dieser Zeit gründeten wir unser Tochterkloster Marienrode bei Hildesheim, in das ich zehn Mitschwestern entsandte. 1998 habe ich das Amt in jüngere Hände gelegt. Das Kloster ist mein Zuhause. Hier leben wir bei aller Nähe auch eine gesunde Distanz. Wir sagen ganz bewusst »Sie« zueinander. Wir betreten die klösterliche Zelle der Mitschwestern aus Achtung vor der anderen nicht. Sie ist der Raum, in dem ich meine

Mit dem Dalai Lama

Beziehung zu Gott lebe. Unser benediktinisches Leben ist geprägt vom gemeinsamen Gebet und der gemeinsamen Arbeit, von beidem, der Einsamkeit und der Gemeinschaft. Rückblickend war der Klostereintritt sicher die tiefgreifendste Entscheidung in meinem Leben. Die Probezeit war nicht leicht, aber ich hatte immer die Möglichkeit zu sagen:»Nein, ich bleibe – weil ich dich, Jesus Christus, liebe.«

Er hat mich zuerst geliebt. Das, was jeden Tag in der heiligen Messe gegenwärtig wird, hat ihn das Leben gekostet. Immer, wenn es schwer wurde, dachte ich:»Herr, du hast am Ölberg alle kreatürlichen Ängste selbst durchlitten.«Wenn man in der Professfeier gefragt wird:»Willst du Gehorsam bis zum Tod, willst du den klösterlichen Lebenswandel und willst du die Stabilitas, also die Beständigkeit bis zum Tode, geloben?«, dann ist es so, als ob man sein ganzes Leben bis in die Todesstunde, in dieses eine »Ja, ich gelobe« hineinnimmt. Das ist das Geheimnis unseres Lebens, aus dem ich lebe.

Im Alter entdeckt man den roten Faden in seinem Leben. Insofern ist das Altwerden etwas Wunderbares, eigentlich doch wohl die Krönung des Lebens.

Heute darf ich aus meiner langen Erfahrung schöpfen und vieles an Jüngere weitergeben. Es ist ein wunderschönes Geschenk, alt zu werden. Alt werden in der Verbindung mit Gott. Das hört sich fromm an. Dabei ist es nicht so, dass wir Nonnen pausenlos auf Wolken schweben. Unser Leben ist eigentlich eine nüchterne, sachliche Angelegenheit. Und doch haben wir etwas ganz Wichtiges immer gegenwärtig. Wir leben jeden Tag mit dem Tod zusammen. Denn wir leben alle anders, wenn wir unser Leben vom Ende her betrachten. Eigentlich sterbe ich jeden Tag in der Eucharistiefeier Jesu Tod mit, wenn ich sage:»Deinen Tod, o Herr, verkünden wir und deine Auferstehung preisen wir, bis du kommst in Herrlichkeit.« Dieser Augenblick ist eigentlich schon vorweggenommen auch meine Todesstunde. So freue ich mich über jeden Tag, den Gott mir schenkt. Aber wenn er eines Tages sagt:»Komm«, dann sage ich:»Ja, ich bin bereit.«

Swetlana Geier

1923 – 2010

Übersetzerin

Rußland ist dort, wo ich bin.

Um mein Alter brauche ich mich Gott sei Dank nicht zu kümmern. Das ist das Fatale, ich laufe dadurch Gefahr, eine komische Alte zu werden. Ich denke nie sehnsuchtsvoll an meine Kindheit oder an meine Jugend zurück, und ganz ähnlich geht es mir mit dem großen Komplex »Russland«. Viele Leute fragen mich, ob ich nicht nach Russland reisen möchte, aber es besteht für mich kaum Anlass. Russland ist dort, wo ich bin. Wenn ich hier am Ofen sitze und diesen wunderbaren Tee trinke, schwelge ich in einem Gefühl der Vollkommenheit. Und dies bedeutet: Ich bin hier – und Russland ist hier.

Ich habe mit meinen Kindern unlängst einen russischen Film gesehen. Der Film spiegelte in manchem auch die Geschichte unserer Familie, einer Familie vor ihrem speziellen Hintergrund. Ich konnte mich in deren Datscha frei bewegen und glaubte zu wissen, in welcher Schublade der Wäschekommode die Tischdecken lagen. Und der Familienvater sollte möglichst unauffällig beseitigt werden. Ganz ähnlich war es auch mit meinem Vater, der zwar kein hoher Militär, sondern nur Fachmann für bestimmte Fragen der Landwirtschaft war und zu den ganz wenigen Entlassenen gehörte, die die Inhaftierung überlebten. Als wir am zweiten Abend nach seiner Entlassung auf unsere Datscha fuhren, sagte er noch im Zug: »Ich werde euch alles erzählen, aber ihr dürft mich nie mehr etwas fragen.« Eigenartigerweise habe ich trotz meines professionellen Gedächtnisses nichts, aber auch rein gar nichts von seiner Erzählung behalten. Wahrscheinlich hat das damals fünfzehnjährige Wesen sich innerlich zur Wehr gesetzt, zum Schutz, um mit dem Gehörten weiterleben zu können. Und damals im Kino ging dann diese dunkle Giftkapsel, die ich tief in mir trage, für einen Augenblick auf, und als der Film zu Ende war, konnte ich nicht aufstehen und musste weinend zwischen meinen Kindern sitzen bleiben. Am nächsten Tag bin ich wieder zu einer Filmvorführung gegangen auf denselben Platz, aber da war der innere Wächter alarmiert und das Erzählte ist nicht noch einmal über mich gekommen. Seitdem weiß ich, dass man sehr viel in sich trägt, was eine verborgene tiefe Wunde ist, was sich dem Bewusstsein entzieht, einstweilen, und was Russland ist.

Unsere Abiturfeier fand ausgerechnet an dem Wochenende statt, an dem Hitler die Sowjetunion angriff. Als die Deutschen Kiew besetzten, konnte ich für eine deutsche Brückenbaufirma als Übersetzerin arbeiten. Ich hatte glücklicherweise sehr früh Privatunterricht in Deutsch und Französisch gehabt und sprach fließend Ostpreußisch. Nach Stalingrad war es meiner Mutter und mir klar, dass wir als »Kollaborateurinnen« nicht in der besetzten Zone bleiben konnten, und wir gingen nach Deutschland. Heute erscheint es mir wie ein Wunder, dass wir das Ostarbeiterlager in einem Industrieviertel Dortmunds überstanden haben und dank des Einsatzes mehrerer Deutscher schließlich nach Freiburg kamen. Inzwischen hatte ich in Berlin für meine Mutter und mich die Pässe für Staatenlose und für mich ein Alexander von Humboldt-Stipendium bekommen. Ich konnte ein Studium der deutschen und europäischen Literatur beginnen, und zwar in Freiburg. Ich habe mich nie in Freiburg fremd gefühlt, und ich habe nie die Menschen vergessen, die uns gerettet hatten. Das Studium war für mich wie ein einziger Rausch. Damals war so etwas möglich. Ich fühlte mich zwar immer durch das Stipendium zur Höchstleistung verpflichtet, aber auch dies war eine Faszination besonderer Art.

Eines Tages heiratete ich und hatte drei Jahre später zwei Kinder, meine eigentlichen Erzieher. Auch meine Übersetzungsversuche habe ich den beiden zu verdanken. Während sie auf abgesägten Baumstümpfen spielten, habe ich übersetzt, und zwar einen sehr preziösen Text von Leonid Andrejew. Das Übersetzen gehörte ebenso zu unserem Pensum im Deutschunterricht bei Claudia Freymann: laut Lesen, Grammatik, Diktat und Übersetzen. Von ihr stammt der wunderbare Satz: »Nase hoch beim Übersetzen!« Das heißt, sie verlangte, dass man beim Übersetzen sich nicht wie eine Raupe von links nach rechts durch den Text bewegte, sondern den Satz aus dem Gedächtnis neu formulierte. Möglicherweise habe ich die Erfahrung des Defizitären beim Übersetzen ihrer Methode zu verdanken. Obwohl das Unterrichten am Slawischen Seminar der Universität Freiburg und meine langjährigen Lehraufträge an der Universität Karlsruhe ungeheuer anregend waren und die einsamen Stunden des Übersetzens aufs fruchtbarste ergänzten, wurde das Abenteuer der Vermittlung zwischen zwei nicht kompatiblen Elementen für mich immer wichtiger und schließlich beherrschend.

Ich liebe Günterstal, und ich könnte ohne Wald nicht leben. Meine Eltern besaßen eine Datscha mitten im Wald, und seit meiner Kindheit sind der Wald und die Berührung der Erde eine Lebensbedingung für mich. Ich bin keine passionierte Gärtnerin, aber ich muss über die nackte Erde laufen können. In Freiburg habe ich meinen Garten, und wenn ich noch so viel zu tun habe und wenn der Text noch so spröde ist, muss ich täglich zum Kompost. Das ist auch eine große Gnade: ein Stück Rasen, ein Baumstamm und der Geruch der Erde.

Meine größte Leistung? Ich habe bestimmt mindestens eine Zisterne voll Kartoffelsuppe gekocht, und unzählige Menschen haben sie mit großem Vergnügen gegessen. Ja, Spaß beiseite, ich habe sehr vieles in meinem Leben tun müssen, wofür ich nicht geboren bin, aber es ist immer ganz gut gegangen. Es ist nicht meine Leistung, aber ein großes

Glück, dass ich meine Schulden an Deutschland begleichen durfte. Ich habe sehr viel für den russischen Sprachunterricht hier an Schulen und Hochschulen getan. Aus jedem Semester, vom ersten angefangen, habe ich Freunde fürs Leben behalten, die »unseren Puschkin« oder »unsere Achmatowa« nicht vergessen werden.

Was mich die meiste Kraft gekostet hat? Wahrscheinlich die eigene Unzulänglichkeit. Das Übersetzen ist ein schwerer Beruf und in meinen Augen ein sehr einsamer. Es ist ein Beruf, in dem es eine absolute Leistung nicht geben kann – im Gegensatz zu einer Kartoffelsuppe oder einem Apfelkuchen, die unübertrefflich sein können!

Ich habe, wie gesagt, kein Verhältnis zum Älterwerden, erstens hängt mein Spiegel in einer dunklen Ecke, und das ist sehr praktisch, und zweitens passen vier schöne junge Mädchen darauf auf, dass ich mich nicht wie »Oma«, sondern wie eine »Baba« kleide. Aber der Gedanke an einen Abschied ist natürlich nahe. Wenn ich an mein Ende denke, denke ich eher an dieses Haus. Es gehört mir nicht, ich wohne zur Miete bei der Stadt. Aber wenn ich ein Haus gebaut hätte, wäre es genau dieses geworden, unpraktisch und nicht pflegeleicht. Es hat sich nämlich im Laufe von fast einem halben Jahrhundert als eine Glucke bewährt, die unter ihren gespreizten Flügeln Unzähligen Unterschlupf gewährt. Wenn ich nicht mehr da bin, und wenn die Kinder, Enkel und Urenkel alles geteilt haben werden, dann wird dieses Haus auch nicht mehr sein. Ich denke dabei nicht nur an meine Familie, sondern an die vielen nahen und fernen Menschen, die unter seinem Dach ein Kissen nass geweint haben. Das Haus tut mir leid, ganz schlicht und einfach. Das Haus macht mir Sorgen, weil es aufhört, denn es ist ja so viel mehr als nur ein Gehäuse.

Ich habe, wie gesagt,
kein Verhältnis zum
Älterwerden.

Karin Hertz

Jahrgang 1921

Bildhauerin

Ich bin eine, die zupackt, wenn etwas zu bewältigen ist!

Eigentlich habe ich mich im Kern nicht verändert. Ich wusste schon als Kind genau, was ich tun wollte, das war allerdings nicht immer das, was ich tun sollte. Deshalb war die Schulzeit schwierig, und ich bin ein paar Mal sitzengeblieben. Ich hatte immer andere Dinge im Kopf und strengte mich nur an, wenn ich den Lehrer mochte. Dann aber schaffte ich auch Fächer, die eigentlich schwer waren. Das zieht sich durch mein ganzes Leben. Ich habe einen starken Willen, der für und gegen mich oder für und gegen die Dinge ist. Als Kind musste ich deshalb oft Ausreden erfinden – jetzt muss ich die Ausreden vor mir selber suchen, und das ist sehr viel schwieriger.

Ich war fünf Jahre alt, als meine Eltern sich getrennt haben. Wir waren vier Geschwister, die beiden Ältesten blieben bei meinem Vater, und ich blieb mit einer älteren Schwester bei meiner Mutter. Rückblickend hat diese Trennung mein Leben tiefgreifend beeinflusst, auch wenn ich das damals nicht gleich merkte, weil meine Mutter mir – im Gegensatz zu meinem Vater – viel mehr Freiheiten ließ. Es war nicht so, dass ich tun konnte, was ich wollte, aber sie ging sehr liebe- und verständnisvoll mit mir um. Wir hatten viele gleiche Interessen, pflegten zusammen den Garten in Kitzeberg bei Kiel, wohin wir nach der Trennung gezogen waren. Ich durfte Reitunterricht nehmen und auf der Förde rudern. Die Interessen meiner Schwester waren sehr konträr. Sie war in der Schule in allen Fächern sehr gut, während ich gleich durch die Prüfung zur Sexta fiel. Die Lehrer, die drei Jahre vorher meine fleißige Schwester erlebt hatten, waren nicht erbaut über die Mühe, die sie mit mir hatten. Aber 1938 schaffte ich die mittlere Reife dann doch.

Die Nazizeit erlebte ich zuerst noch als glimpflich. Ich war im BDM, und mir gefielen die schönen Heimatabende. Ich wurde bald Schaftführerin und hatte eine Gruppe von zehn Mädchen zu führen. Ich weiß noch, wie enttäuscht ich einmal war, als ich einen Abend mit Fotos über eine Reise mit meiner Mutter an die Kurische Nehrung vorbereitet hatte und die Mädchen sich überhaupt nicht dafür interessiert haben. Ich habe so etwas nie wieder gemacht.

Im Herbst 1938 kam ich auf eine Haushaltsschule nach Obernkirchen bei Bückeburg, die zum Reifensteiner-Verband gehörte. Ich wollte aber unbedingt nicht nur Kochen lernen, sondern auch mit Tieren zu tun haben, so durfte ich vorher noch auf eine Reitschule gehen. Obernkirchen, in einem alten Klostergebäude untergebracht, war eine Schule mit strengen pädagogischen Grundsätzen. Ich war ja eigentlich ein Ausbrecher, aber die Disziplin dort hat mir gut gefallen. Ich lernte viele nette Mädchen von den Gütern in Schlesien und Pommern kennen, die auf ihr späteres Leben in der Gutsbewirtschaftung vorbereitet wurden. Mit einigen habe ich noch heute Kontakt. Es war die Zeit, in der Deutschland in die damalige tschechoslowakische Republik einmarschierte und man schon ahnen konnte, dass bald Krieg kommen würde.

Beim Sportfest im Frühjahr 1939 zog ich mir einen Bänderriss beim Weitsprung zu und war danach acht Monate in Behandlung. Durch das lange Liegen zog ich mir die Sudeck'sche Krankheit zu und konnte kaum noch gehen. Als ich endlich geheilt war, war inzwischen am 1. September 1939 der Zweite Weltkrieg ausgebrochen. Eine Cousine, die ein Gästehaus in Kitzbühel führte, lud mich im Frühjahr 1940 zu sich ein. Dort lernte ich wieder gehen und arbeitete in einer Kunstgewerbewerkstatt.

Zur Vorbereitung für die Aufnahmeprüfung an der Akademie der bildenden Künste in München lernte ich ein Jahr lang bei der Bildhauerin Maria Weber. 1941 bestand ich die Aufnahmeprüfung für die Bildhauerklasse von Professor Richard Knecht. In diesem Zusammenhang wurde ich zum ersten Mal mit den arischen Rassengesetzen konfrontiert. Denn während der Aufnahmeformalitäten stellte man fest, dass mein Vater Halbjude und ich Vierteljüdin war. Der Vetter meines Vaters war der Physiker Heinrich Hertz, der durch die Entdeckung der Hertz'schen Wellen die Grundlage für das Radio brachte. Da an der Akademie nur zwei Prozent Juden zum Studium zugelassen wurden, war meine Aufnahme damit in Frage gestellt. Professor Knecht setzte sich sehr für mich ein, und ich durfte zunächst bleiben, aber es war noch nicht entschieden, ob ich wirklich studieren konnte. Ich hatte immer Träume gehabt, war für gleiches Recht für alle eingetreten und nun sollte ich so benachteiligt werden! Endlich, nach vier Monaten, wollte es das Schicksal, dass ich gerade im Büro der Hochschulsekretärin war und hörte, wie der Direktor sagte: »Die Rothaarige aus der Knechtklasse kann bleiben, es kommt gerade der Bescheid.«

Ich habe einen starken Willen, der für und gegen mich und für und gegen die Dinge ist.

An der Akademie lernte ich 1941 meinen späteren Mann kennen. Er hatte ein Jahr Studienurlaub von der Front bekommen. Wir waren meistens in einer Clique zusammen, und dass ich jemals heiraten könnte, kam mir zu der Zeit überhaupt nicht in den Sinn. Er musste nach diesem Jahr in München wieder an die Front und wurde bald danach schwer verwundet. Eine Handgranate war ganz nah bei ihm explodiert. Er verlor ein Auge und hatte unzählige Splitter im an-

deren Auge und in den Beinen. Sein Vater fand zu Hause bei seinen Unterlagen meine Adresse und benachrichtigte mich. Ich hatte das Gefühl, dass ich ihm helfen musste. Er lag in Eisenach, und ich telefonierte mit Stabsärzten und bemühte mich, dass er nach Neisse, wo seine Eltern lebten, verlegt wurde oder vielmehr nach Troppau im Sudetenland, wo es eine Klinik für Augenverletzungen gab. Ich habe ihn bei dieser liegenden Verlegung begleitet. Ich bin eine, die zupackt, wenn eine Aufgabe zu bewältigen ist, auch wenn ich selber nicht weiß, ob ich es schaffe. Die Eltern waren in Neisse am Bahnsteig, sie hatten ihn noch nicht nach der Verwundung gesehen. – Nie werde ich diese ergreifende Szene vergessen.

1943 war er verwundet worden, und 1944 bekamen wir eine Wohnung in Troppau, aber mein Mann musste immer noch in der Klinik bleiben. Am 20. November 1944 haben wir geheiratet. Die Front der Russen rückte immer näher und eines Tages, am 20. Januar 1945, das weiß ich noch wie heute, war ich zufällig bei dem Arzt meines Mannes vorbeigegangen und fand alle auf gepackten Koffern vor – bereit zur Flucht. Sie rieten mir eindringlich, auch zu fliehen. Mein Mann war an diesem Tag zu Besuch bei seinen Eltern, so zog

LINKS: Kinderporträt Levke, Insel Föhr, 2005
RECHTS: Tonrelief »Johanniskraut« aus dem 12-teiligen Zyklus »Heilpflanzen«, 2006/07

ich alle Kleidungsstücke übereinander, einschließlich des Zivilanzugs meines Mannes, und fuhr nach Neisse. Mein Mann und seine Familie saßen nichtsahnend friedlich beisammen. Die halbe Nacht brauchte ich, um sie zur sofortigen Flucht zu überreden. Ich wollte versuchen, mich mit meinem Mann, seiner Mutter und Schwester nach Dresden zu meiner Mutter durchzuschlagen. Sein Vater war beim Volkssturm, er konnte nicht mitkommen. Mein Mann hatte immer noch viele Splitter im ganzen Körper und war quasi blind. Der Zug war völlig überbelegt und blieb immer wieder stehen. Die Leute stiegen dann aus, aber ich sagte: »Wir gehen nicht hinaus.« Und einmal, als viele noch auf dem Feld waren, fuhr der Zug plötzlich ohne sie weiter. Da hatte ich instinktiv richtig gehandelt. Nach mehr als zwei Tagen kamen wir schließlich in Dresden an. Welch ein Unterschied nach diesen chaotischen, gefährlichen Tagen im Zug: Alles war so friedlich! Aber schon drei Wochen später, am 13. Februar 1945, brach die Hölle los: drei Tage ununterbrochen Fliegerangriffe, Tag und Nacht. Es war schrecklich, im Keller zu sitzen, während draußen alles krachte und zusammenbrach. Das konnte ich nicht aushalten, und ich lief bei neuem Alarm in den Wald und beschloss zu versuchen, Züge nach Westen zu erreichen. Auch meine Mutter und mein Mann kamen mit, wir gingen zunächst zu Fuß nach Koswig, heraus aus der qualmenden, zerstörten Stadt. Erstaunlicherweise kamen wir ganz gut bis in den Harz. Hier war alles sauber und heil, was für uns unfassbar war. Aber mir ging es gar nicht gut. Ich war im 7. Monat schwanger, und der Arzt, der mich untersuchte, untersagte mir strikt, weiterzufahren. So wurden wir zunächst in einer Schule einquartiert und nach einer Woche außerhalb von Goslar auf einem Bauernhof untergebracht. Dort lebten schon viele Flüchtlinge. Jedem hatten die Bauern im Keller eine Ecke mit Kartoffeln und Rüben zur Verfügung gestellt, das war wie ein Wunder! Wir teilten uns mit mehreren Familien eine Notküche, waren aber frohgemut. In Hahnenklee hatte man für »Mutter und Kind« die Hotels beschlagnahmt, und der Bauer fuhr uns im Pferdewagen hinauf. Am 5. April 1945 wurde in Hahnenklee unser Sohn geboren. Das Baby hatte glücklicherweise auf der Flucht keinen Schaden genommen. Das war das Wichtigste. Drei Tage später wurde Hahnenklee von den Amerikanern eingenommen und bald darauf an englische Truppen übergeben.

Nach Kriegsende ging meine Mutter über die grüne Grenze wieder nach Dresden zurück. Ihr Haus in Kitzeberg bei Kiel war ja vermietet, und wir mussten erst versuchen, ein Zimmer für sie frei zu bekommen, was nach einem Vierteljahr auch gelang.

Ich denke, dass ich so bin, wie ich bin,
und dass ich immer zur richtigen Zeit
wusste, was zu tun war.

Erst im Juli 1945 konnten wir schließlich mit einem Rote-Kreuz-Wagen von Hahnenklee nach Hamburg fahren. Ich hab einfach einen Fahrer gefragt: »Fahren Sie mich nach Hamburg?« – »Ja, wenn Sie Benzin besorgen«, hat er geantwortet. Ich wanderte also mehrere Male zwei Stunden durch den Wald nach Clausthal-Zellerfeld, wo ich nach vielen vergeblichen Versuchen schließlich zum englischen Kommandanten gelangte. Ihn konnte ich überzeugen, dass ich unbedingt Benzin haben müsste, ich hätte einen schwer kriegsbeschädigten Mann und ein Baby. Er schrieb unter alles »Yes«, ich konnte mit dem Zettel zu dem Fahrdienstleiter gehen und bekam 100 Liter Benzin. Alle haben sich gewundert, wie ich das gemacht hatte. Ich glaube, ich habe mich damals immer für das richtige Handeln entschieden.

Als wir im zerstörten Hamburg ankamen, erkannte ich nichts wieder – es war eine trostlose Trümmerwüste. In Hamburg hatte mein Vater gelebt, aber sein Haus in der Willistraße war völlig zerbombt. Also entschied ich, dass wir nach Witzhave auf unseren Familienbesitz fuhren, etwas außerhalb von Hamburg. Dort fanden wir erst mal eine Bleibe.

1948 hörten wir das Gerücht, dass die Währungsreform käme. Mein Mann war zu 100 Prozent schwerbeschädigt, aber mein Schwager riet: »Ihr müsst unbedingt in ein Arbeitsverhältnis kommen, da-

mit ihr D-Mark verdienen könnt.« Es gab noch einige Keramikwerk-
stätten an der Sternschanze, und dahin bin ich gegangen und habe
um Anstellung gebeten. Es waren die letzten Tage vor der Währungsreform. Mein Mann konnte unten am Brennofen arbeiten. Ich setzte
Tüllen und Henkel an und wurde auch schnell Vorarbeiterin. Wenn
man mir eine Aufgabe gibt, ob ich sie kann oder nicht, versuche ich,
sie so gut wie möglich zu machen. Dann kam die Währungsreform,
und ich habe damals 1,75 D-Mark verdient. Nach sieben Jahren in
Witzhave konnten wir die Rente kapitalisieren und ich bekam aus
Familiensachen etwas ausbezahlt, damit konnten wir dieses Haus in
Hamburg-Volksdorf kaufen. Wir zogen am 1. September 1951 ein,
mit einer Katze und unserem kleinen Sohn hinten auf dem offenen
Wagen. Das war ein unglaubliches Glück! Anfangs schliefen wir zwischen Kisten auf dem Fußboden und legten gleich den Garten neu
an. Jetzt ist er über 50 Jahre alt, und es freut mich immer noch, wie

Ricarda Huch, Bronze, 1962

schön er geworden ist. Ich danke dem lieben Gott dafür, dass ich diese vielen Jahre sehen konnte, wie alles wuchs und gedieh.

In die Ehe mit meinem Mann war ich einfach hineingerutscht und habe versucht, das Beste daraus zu machen. Ich habe zwar sicher nicht ohne Liebe geheiratet, aber seine chronischen Depressionen, wahrscheinlich bedingt durch die schweren Verletzungen, waren schwer zu ertragen. Mein Mann und ich trennten uns Anfang der Sechzigerjahre und einige Zeit danach lebte ich richtig auf.

Dass ich frei war, habe ich richtig genossen. Jetzt lernte ich wieder Menschen kennen. Natürlich blieben Enttäuschungen nicht aus, aber ich hatte meine Arbeit und konnte meine Erlebnisse in meinen Plastiken sichtbar machen. Das ist immer eine positive Therapie. Ich bekam Aufträge für Plastiken und Reliefs, besonders an Schulen, auf Spiel- und Sportplätzen und in Kirchen von der Stadt Hamburg und dem Land Schleswig-Holstein. Auch privat konnte ich viele Porträts anfertigen, besonders Kinderporträts. Ich sehe überall Motive. Menschen und Tiere interessieren mich besonders, und so kommen mir die Ideen. Jede Figur ist eine Komposition. Oder ein Blatt – wie wunderschön ist es von der Natur gestaltet! Ich habe auch den Mut, Fremde anzusprechen, wenn mir jemand auffällt, und zu einer Porträtsitzung zu bitten. Daraus entstanden oft langjährige Freundschaften.

Was war meine größte Leistung? Ich denke, dass ich so bin, wie ich bin, und dass ich immer zur richtigen Zeit wusste, was zu tun war. Meine Arbeit ist der wichtigste Teil meines Lebens. Ich kann mir ein Leben ohne die Bildhauerei nicht vorstellen. Das Beglückendste ist, wenn ich eine Arbeit so fertigbekomme, wie es mir vorschwebte. Das ist aber keine Leistung, das ist dann eher wie eine Erlösung für mich.

Ich bin mit meinem eigenwilligen Kopf sicher schwer für andere zu ertragen, aber ich meine es immer ehrlich, bin immer direkt, offen und kommunikativ. Manchmal denke ich, ich hätte doch vielleicht öfter den Mund halten sollen. Ich lebe zwar alleine, fühle mich aber in meinem großen Freundeskreis geborgen. Es sind Freunde, die ich lange kenne, die ich anrufen kann, wenn ich Hilfe brauche, die zu meinen Geburtstagen kommen. Ich brauche nicht unbedingt Harmonie, aber ich muss die Menschen, die mir nah sind, achten können. Was war in Lebenskrisen Trost und Hilfe? Na ja, ein Tonklumpen war immer gut. Nur wenn es ganz schlimm war, konnte ich mich nicht auf die Arbeit konzentrieren. Früher bin ich dann geritten oder mit dem Fahrrad hinaus in die Natur gefahren. Auch heute ist mir wichtig, mit der Natur zu leben, neue Menschen kennenzulernen und mit alten Freunden in Kontakt zu bleiben. Ich bin keine, die hinter dem Ofen sitzt und Trübsal bläst. Zum Leben gehört beides: Freude und Enttäuschungen. Bei Enttäuschungen habe ich immer gedacht: Wozu ist das wohl gut? Im Nachhinein war es eigentlich immer für meine Arbeit gut.

Heute bin ich niemandem außer meinem Sohn und mir selber etwas schuldig. Natürlich muss ich in meinem Alter wissen, dass die Zeit, die mir bleibt, kürzer wird. Aber solange ich noch Pläne habe, denke ich wenig daran. Ich habe noch so viele Ideen und wünsche mir sehr, dass meine Gesundheit es zulässt, sie zu verwirklichen. Ich bin sicher, dass ich ohne die Erlebnisse meiner Jugendzeit, des Studiums im Krieg, die Flucht, dann den Aufbau meiner Arbeit im Frieden nicht so geworden wäre, wie ich jetzt bin. Die Kriegs- und Nachkriegsjahre haben mich gelehrt, aus allem etwas zu machen und mich an kleinen Dingen zu freuen. Dankbar bin ich, dass ich im Laufe meines Lebens mehrere Künstler auch menschlich näher kennenlernen durfte, wie zum Beispiel die Bildhauer Gerhard Marcks, Gustav Seitz und Willy Meller.

Ja, ich bin dankbar für mein Leben, das mir viel Kummer, aber auch viel Freude gebracht hat, besonders dass es mir möglich war, die meiste Zeit nicht in einem Häusermeer leben zu müssen, sondern in der wunderschönen Natur – so wie hier in meinem blühenden Garten.

Meine Arbeit ist der wichtigste
Teil meines Lebens.

Charlotte Janka

Jahrgang 1914

Übersetzerin und
Dolmetscherin

Nie den Mut verlieren!

Auch mit 93 Jahren bin ich noch an allen Dingen des Lebens interessiert. Dass ich so alt würde, hätte ich nie gedacht. Denn alle aus meiner Familie sind jung gestorben. An meinen Überzeugungen hat sich seit meiner Jugend nichts geändert. Ich war immer, zu allen Zeiten, ein kritischer Mensch. Auch heute lese ich jeden Tag Bücher und Zeitungen. Ohne zu lesen, kann ich nicht leben.

Ich stamme aus einer Familie, in der Politik immer eine große Rolle gespielt hat: Unser Herz schlug links. Bis heute bin ich mit Spanien verbunden. Dahin führen mich fast die einzigen Reisen, die ich noch unternehme. Im vergangenen Jahr war ich zum 70. Jahrestag der Internationalen Brigaden in Madrid und Barcelona, stellvertretend für meinen Mann Walter Janka. In seinem Buch »Spuren eines Lebens« hat er die Zeit im Spanischen Bürgerkrieg beschrieben.

Zu den schlimmsten Ereignissen in meinem Leben gehörten der Tod meiner Mutter, als ich elf Jahre alt war, und die Verhaftung meines Mannes in der DDR. Da hatte ich einen Zusammenbruch. Meine Tochter war gerade sechs Jahre alt, mein Sohn acht. Viele Freunde wandten sich ab. Später habe ich neue Freunde gefunden.

Mein Leben war immer ereignisreich. Nachdem ich 1932 die höhere Handelsschule absolviert hatte, ging ich nach Paris, um mein Französisch zu vervollkommnen. Im Herbst 1932 fuhr ich noch einmal zurück nach Hause. Dann kamen die Nazis an die Macht, und im Sommer 1933 habe ich Deutschland verlassen. Mein Vater wurde von der SA eingekerkert. Bevor ich wegging, konnte ich ihn zusammen mit meiner Stiefmutter, geschützt durch die Papiere meiner Stiefschwester, im Volkshaus in Berlin-Pankow ein letztes Mal sehen. Er war blau und schwarz geprügelt.

Ich bin damals nicht in Berlin in den Zug gestiegen, sondern weit weg in der Provinz und zunächst bei Bekannten in Stuttgart untergekommen. Er war ein berühmter Schauspieler, seine Frau Sängerin, die mich in den Schlaf sang. Ich werde die beiden nie vergessen. Die Leute, die mir bei der Flucht halfen, hatten Freunde am Bodensee. Der Mann war Maler und malte oft auf dem See. Daher fiel den ständig kontrollierenden Zöllnern nicht weiter auf, dass zwei weitere Leute im Boot saßen, und der Maler setzte uns auf der Schweizer Seite ab. Ich fuhr weiter nach Basel, wo ich von einer Schweizerin erwartet wurde. Diese – Beamtin in der Stadtverwaltung – nahm mich für einige Monate auf. So entstand eine Freundschaft fürs Leben. Natürlich fühlte ich mich damals sehr verlassen – wusste ich doch Vater und Schwester im Gefängnis.

1933 lernte ich meinen ersten Lebenspartner Lex Ende kennen. Er war Journalist. Als die linken Zeitungen verboten wurden, gaben er und andere gemeinsam neue Zeitungen unter anderen Namen heraus. Aber auch das währte nicht lange. Er musste flüchten, und in Paris trafen wir uns wieder; später im Saargebiet und in Prag. Wieder in Paris, kurz vor Ausbruch des Zweiten Weltkrieges, wurde ich ausgewiesen und sollte an der deutschen Grenze überstellt werden. Gerettet hat mich André Simone (Otto Katz), der gute Beziehungen zu namhaften französischen Journalisten hatte. Er erreichte, dass meine Ausweisung in Zwangsaufenthalt umgewandelt wurde. Ich wählte dafür St. Malo, weil wir dort einmal Urlaub gemacht hatten. Ein paar Jahre später, 1952 wurde André Simone, der damals Redakteur der

Rudé Právo war, als Opfer der stalinistischen Säuberungen in Prag hingerichtet. Noch während des Krieges kam ich in ein Lager in Rieucros nahe bei Mende, der Bezirkshauptstadt im Département Lozère.

Nach sieben Monaten erhielt ich ein Visum für Mexiko, das ich im Konsulat von Marseille abholen musste. Innerhalb von zehn Tagen hätte ich eigentlich ins Lager zurückkehren müssen. Doch ich blieb einfach in Marseille, lebte dort legal und arbeitete illegal. Marseille war damals ein wichtiger Stützpunkt für die Ausreise von Flüchtlingen nach Übersee. Finanziert wurden die meisten Reisen von amerikanischen Hilfskomitees.

Lex Ende hat sich aufgeopfert für alle, die noch in französischen Lagern saßen. Er wollte Frankreich nicht verlassen, solange führende Leute noch in Auslieferungshaft saßen, obwohl er selbst schon ein Visum und eine bezahlte Passage hatte. Er lebte illegal mit falschen Papieren und wir konnten deshalb nicht zusammenleben. Ich fuhr 1941 mit einer großen Gruppe aus Marseille über Oran nach Casablanca. Die Weiterfahrt ging mit einem portugiesischen Schiff, der »Serpa Pinto«. Die Portugiesen waren damals die Einzigen, die noch fahren konnten. Doch das Salazar-Regime war faschistisch und behandelte uns Flüchtlinge entsprechend, obwohl die amerikanischen

LINKS: Heirat 1947 in Berlin   MITTE: Thomas Mann, Walter Janka und Katia Mann, 1955   RECHTS: Mit Halldór Laxness, 1955

Hilfsorganisationen große Summen für uns bezahlt hatten. Es wurden Dreistockbetten im Bauch des Schiffes aufgebaut, wo sonst die Fracht lagerte. Glücklicherweise war das Wetter so günstig, dass meine Wiener Freundin Rosl, eine Schwägerin von Egon Erwin Kisch, und ich oben an Deck schlafen konnten. Auf den Bermudas wurden wir eine Woche lang von den Engländern verhört. Sie kamen jeden Morgen mit dicken Aktenbergen und hatten Dossiers über alle Leute an Bord. Da ich nie etwas mit Spionage zu tun hatte, war ich schnell abgefertigt. Das ging Walter Janka, meinem späteren Mann, ebenso. Er war Major der Spanischen Volksarmee im Bürgerkrieg und vorher in den Internationalen Brigaden gewesen. Nach Jahren in den verschiedenen Lagern in Frankreich, schließlich als Illegaler, betreute ich ihn in Marseille. Ich ließ ihm Geld und Lebensmittelkarten zukommen, damit er leben konnte. So hatten wir uns kennengelernt.

Als ich 1947 aus Mexiko nach Deutschland zurückkam, lehnte Lex Ende eine Aussprache mit mir ab. Er hatte inzwischen geheiratet. So waren die Umstände. Im Krieg ist eben manche Partnerschaft zerbrochen.

Walter Janka und ich haben 1947 in Berlin geheiratet. Seine Verhaftung am 6. Dezember 1956 war für uns eine wahrhafte Katastrophe. Mein Mann wurde in einem politischen Schauprozess von der DDR-Justiz völlig unschuldig zu fünf Jahren Zuchthaus verurteilt. Er bekam die niedrigste Stufe im Strafvollzug. Bei der Verhandlung war ich nicht dabei, da man mich als Zeugin vorführen wollte. Das wollte ich aber auf keinen Fall, denn Zeugen mussten nach ihrer Aussage den Gerichtssaal sofort verlassen. Ich brach völlig zusammen und musste für mehr als vier Monate ins Krankenhaus. Wie meine Kinder weinend neben der Ambulanz standen, diesen Augenblick werde ich nie vergessen. Meine Tochter wurde von Freunden ganz in der Nähe aufgenommen, aber mein Sohn musste in ein Kinderheim. Das war eine schlimme Zeit für ihn. Als ich meinen Mann das erste Mal besuchen konnte, war ich noch im Krankenhaus. Der Arzt gab mir Medikamente, damit ich den Besuch überstehen konnte. Damals war mein Mann noch in Berlin. Danach wurde er nach Bautzen verlegt, in ein Sondergefängnis in der Stadt. Ich durfte ihn viermal im Jahr für eine halbe Stunde besuchen. Wenn es mir sehr schlecht ging, übernachtete ich in einem Hotel. Von meinem Gesundheitszustand konnte er nichts bemerken. Ich habe jedes Mal etwas Neues angezogen, damit er sich keine Sorgen machen musste; denn über private Dinge durfte nicht gesprochen werden. Der Anstaltsleiter persönlich war ständig dabei. Mein Mann war sicher, dass ich treu zu ihm halten werde. Er hat mir später erzählt, dass die Mithäftlinge das nicht fassen konnten; denn die meisten Frauen liefen davon. Dass ich zu ihm hielt und auch unser Haus erfolgreich verteidigt habe, hat ihm viel Kraft gegeben.

Er fühlte sich sehr elend und man wollte ihn operieren. Doch das lehnte er ab. Die Universitätsklinik in Leipzig, bei der ich vorsprach, war bereit, die Operation zu übernehmen. Das lehnte der Strafvollzug ab.

Wenn ich aus heutiger Sicht meine damaligen Entscheidungen betrachte, glaube ich, dass sie richtig waren. Unter denen, die mir ständig zur Seite standen, muss Helene Weigel genannt werden. Sie vergaß nie, den Kindern etwas zu Weihnachten zu schenken. Hervorzuheben ist auch das Verhalten von Katia Mann, Johannes von Günther, Leonhard Frank, Halldor Laxness, auch Günter Weisenborn.

Die Kinder haben bis heute diese schreckliche Zeit nicht vergessen. Als die Stasileute alle Bücher bei der Haussuchung auf den Boden warfen, sagte mein Sohn: »Na, Sie können etwas erleben, wenn mein Vater nach Hause kommt!« Er konnte das alles nicht begreifen. Unsere Tochter dagegen wurde immer stiller. Sie spürte das Unheil. In der Schule war es für die Kinder schwer. Mein Sohn flog von der Schule, nach DDR-Gesetz ohne Anwesenheit der Eltern nicht zulässig. Er wurde vor den »Pädagogischen Rat« gestellt. Später, als ich wieder zu Hause war, in der neuen Schule, hatte er eine wundervolle Lehrerin, und er konnte nach Abschluss der Grundschule auf die Oberschule gehen, sein Abitur machen und Architektur studieren. Mit der Lehrerin verband mich bis zu ihrem Tod eine enge Freundschaft.

Als mein Mann aus dem Zuchthaus entlassen wurde, hatte er zuerst keine Arbeit. Was ihm als Möglichkeit angeboten wurde, lehnte er ab. Glücklicherweise verdiente ich gut durch Übersetzungen von Filmtexten ausländischer Filme. Mein Mann hat dann eine gewisse Zeit Dokumentarfilme in spanischer Sprache für das Ausland synchronisiert. Die DDR verlassen wollten wir nicht. Schon aus Trotz nicht. Das wäre manchen Leuten sehr recht gewesen. Unser Leben war schwer nach den langen quälenden Jahren. Man kann ja nicht einfach zur Tagesordnung übergehen.

Schließlich kehrte er noch einmal zurück zur DEFA und arbeitete dort erfolgreich als Dramaturg, bis er dann in Rente ging. Katia Mann und Marta Feuchtwanger hatten, um ihn zu unterstützen, der DEFA die Rechte für »Lotte in Weimar« und »Goya« überlassen. Beides wurden sehr erfolgreiche Filme. Auch in seiner Zeit im Aufbau Verlag von 1952 bis zur Verhaftung im Dezember 1956 hat er dem Verlag zu internationalem Ansehen verholfen. Er hat erstmals für die DDR Bücher von Autoren mit Weltgeltung verlegt: Thomas und Heinrich Mann, Hermann Hesse und Feuchtwanger, Brecht und Seghers, Leonhard Frank, Kisch und Fallada. Und er hat die klassische russische Literatur in mehrbändigen Neuausgaben erschlossen: Puschkin, Gogol, Turgenjew, Dostojewski und andere. Wichtig waren auch immer die mehrbändigen, sorgfältig edierten Klassiker-Ausgaben: Goethe, Schiller, Lessing, Heine und Kleist.

Seit 55 Jahren lebe ich in Kleinmachnow. Nach der Wende durfte ich es zum zweiten Male kaufen, und zwar von der Enkelin des Vorbesitzers, der unser Haus vor der Ankunft der Sowjetarmee verlassen hatte. Heute lebe ich hier allein. Mein Mann starb 1994, drei Tage vor meinem 80. Geburtstag, den er so gerne erleben wollte.

Anita Kästner

1924 – 2011

Papierrestauratorin

Die Sorge um die Zukunft schwächt mich nur für den Augenblick.

Jeden Tag danke ich Gott, dass ich in diesem schönen Haus leben darf, das ich mit meinem Mann vor 40 Jahren in diesem wunderbaren Land gebaut habe. Ich freue mich, dass ich hier meine Werkstatt habe und noch meinem Beruf nachgehen kann. Ich kann einfach nicht aufhören. Bei bestimmten schwierigen Dingen ist mein Erfahrungsschatz gefragt, obwohl sich im Laufe der letzten 20, 30 Jahre in unserem Beruf sehr viel verändert hat. Papier ist sehr empfindlich. Daher wird technologisch sehr viel Neues probiert und das Spektrum ist auch viel größer geworden. Es gibt so viele neue Restaurierungsmethoden, mit denen man sich jetzt auseinandersetzen müsste. Früher waren in den Kabinetten die Zeichnungen und die Bestände hervorragend gepflegt. Heute ist alles anfälliger geworden: durch schlechte Materialien, durch die schnelle Ausstellungsabfolge und vor allem durch das Ausleihen nach Übersee. Das bleibt nicht ohne Auswirkungen.

Ich werde als die Oma der Papierrestauration bezeichnet – und die Oma-Methoden sind immer noch bewährt. Ich staune manchmal, wie viel von dem alten Basiswissen verloren gegangen ist. Wir haben hier im Haus junge Leute ausgebildet, die erst einmal das Gefühl für den Beruf bekommen mussten. Jede Restaurierung ist ein Eingriff. Im Laufe meiner Arbeit komme ich aber immer mehr zu der Einsicht, dass der beste Restaurator der ist, der am wenigsten eingreift. Die Einstellungen von freien und Museumsrestauratoren unterscheiden sich stark, am Museum ist man viel zurückhaltender. Wir dagegen arbeiten viel für Auktionen; da soll sich ein Blatt in bestem Zustand zeigen. Oft gehen Sammler lieblos mit ihren Werken um. Sie beobachten sie nicht genug, dabei muss ein Blatt wie eine Geliebte behandelt werden. Es gibt auch Sammler, die zeigen die Blätter in ihrem Schlafzimmer im vollen Sonnenlicht, was natürlich das Papier verändert. Aber das stört sie gar nicht. Sie wollen einfach diese Blätter früh, wenn sie aufwachen, in der Sonne sehen. Und wenn sie dann vergilbt sind, kommen sie wieder zu mir. Das kann ich aber auch verstehen.

Ich stamme aus einer Dresdner Fabrikantenfamilie. Wir bewohnten ein schönes Haus in Dresden, und ich hatte wunderbare, großzügige Eltern. Mein Vater wollte, dass ich einen Beruf erlerne, obwohl man früher meinte, eine Frau brauche das nicht, sie heirate sowieso. Ich konnte gut zeichnen und wollte eigentlich Modezeichnerin werden. Doch war mir das schließlich zu wenig, und ich begann, an der Kunstakademie in Dresden Buchillustration zu studieren. Der große Angriff auf Dresden brachte die fürchterliche Zerstörung. Die Akademie war teilweise ausgebrannt, und ich musste meinen Vater unterstützen, der schwer an Parkinson erkrankt war. Dann kam das Kriegsende, und kurz danach wurden wir enteignet. Wir waren plötzlich völlig mittellos, man hatte uns alles genommen. Wir wurden aus dem Haus vertrieben und mussten vor den Russen fliehen.

Die Nachkriegszeit war eigentlich die schlimmste Zeit. Sehr viele Frauen in meinem Alter mussten so wie meine Familie und ich vor den Russen flüchten. Über die Besatzung der Russen und diese schreckliche Zeit gäbe es viel zu erzählen. Aber mein Leben hat sich positiv entwickelt, warum soll ich an diese negativen Jahre denken?

Sie spielen heute keine Rolle mehr für mich. Mein Vater ist in den Fünfzigerjahren gestorben. Meine Mutter bekam von der Sozialfürsorge 80 Mark im Monat und musste ganz kümmerlich leben. Ich konnte sie später, als sie krank war, zu mir holen, und sie ist in Staufen im Altersheim gestorben.

Nach dem Krieg habe ich versucht, weiterzustudieren. An der Akademie war diese erste Übergangszeit politisch hoch interessant. Will Grohmann war der erste Direktor der Akademie, dann kam Mart Stam, und auch Ludwig Renn, Autor von »Adel im Untergang«, hielt Vorlesungen – es war alles aufregend. Man wurde mit vielem konfrontiert und musste sich damit auseinandersetzen. Dennoch habe ich es unter den politisch schwierigen Verhältnissen geschafft, acht Semester zu studieren, wurde aber als Kapitalistentochter aus politischen Gründen schließlich nicht zum Abschluss zugelassen. Darum habe ich mich entschlossen, ein Handwerk, das der Kunst nahe ist, zu erlernen, und bekam die schöne Gelegenheit, im Dresdner Kupferstichkabinett zu volontieren. Und so bin ich sanft vom Kunststudium in die Papierrestaurierung gelangt.

LINKS: Mit Erhart Kästner, 1963   RECHTS: Während des Studiums in Dresden

Als ich die Möglichkeit bekam, in München in der Staatlichen Graphischen Sammlung zu arbeiten, beschloss ich, in den Westen zu gehen. Das war eine mutige Entscheidung. Ich war Anfang 20, musste meine Eltern verlassen und wusste gar nicht, ob es mir gelingen würde, in diesem Beruf Fuß zu fassen. Ich habe als Papierrestauratorin keine richtige Ausbildung gehabt. Aber in den Nachkriegsjahren wurden Kräfte mit fundiertem Wissen gesucht, so dass ich als ehemalige Kunststudentin große Möglichkeiten hatte. Ich beschloss: Das ist mein Weg.

Es war eine großartige Möglichkeit, an einem der großen Kabinette wie in München, Berlin, Dresden, Bremen oder Hamburg zu arbeiten. Nach zwei Jahren wurde ich vom Direktor auf die Veste Coburg vermittelt. Das war meine erste eigenverantwortliche Stelle, wo ich bei Hunderten von Rembrandt-Radierungen alleine entscheiden konnte, wie sie zu restaurieren waren. Drei Jahre durfte ich für die Coburger Landesstiftung auf der Veste Coburg eine der schönsten alten Sammlungen aus dem Haus Coburg-Gotha betreuen. Ich musste selbständig mit diesem kostbaren Kulturgut umgehen, was Mut und Verantwortungsbewusstsein erforderte. Damals wie heute stehe ich vor jeder Arbeit in Demut, egal, ob sie sehr wertvoll oder nur ein Liebhaberstück ist, und sage mir: Ich will das Beste daraus machen und mein ganzes Können dafür einsetzen.

Von da aus habe ich mich selbständig gemacht und bei Bedarf etwa am Folkwang-Museum in Essen oder in der Fürstenberger Sammlung gearbeitet. Ich bin überall herumgekommen und wurde in Notfällen monateweise eingesetzt, als fliegende Papierrestaurierungswerkstatt. Einmal kam ein Auftrag von der berühmten Herzog August Bibliothek in Wolfenbüttel, ein wunderbares Kartenbuch von Ptolemäus zu restaurieren. Der Direktor der Bibliothek war Erhart Kästner. Ich kannte ihn natürlich als Schriftsteller des »Zeltbuchs von Tumilat«. Er war Sekretär bei Gerhart Hauptmann gewesen, und ich hatte mit der Enkeltochter von Gerhart Hauptmann in Dresden studiert und war mit dem gesamten Hauptmann-Haus befreundet. So entwickelte sich zu meinem späteren Mann über die Arbeit hinaus eine persönliche Beziehung. Schon nach drei Monaten haben wir geheiratet. Ich konnte mit seiner Hilfe in Wolfenbüttel eine Restaurierungswerkstatt aufbauen, die wegweisend wurde und in der später auch meine Tochter eine Buchrestaurierungslehre absolviert hat.

Die Entscheidung zur Heirat war ein mutiger Schritt. Unser gemeinsames Leben war nicht einfach, aber wir haben es gemeistert. Mir war bewusst, dass er ein Einsiedler war und sich in einem Lebensabschnitt befand, in dem er zuerst an sich denken musste. Er war die stärkere Persönlichkeit, und ich musste zurückstehen. Ich bin zwar im Sternzeichen doppelter Löwe und habe eigentlich ganz schön Power. Aber ich wusste auch, dass ich durch dieses Zusammenleben enorm dazulernen konnte, dass es für meine Entwicklung sehr wichtig war. Unter dem Mantel meines Mannes und in dieser Bibliothek zu arbeiten, empfand ich als Geschenk, so dass ich ohne Zögern einiges von mir aufgab.

Oft gehen die Sammler lieblos mit ihren Werken um. Sie beobachten sie nicht genug, dabei muss ein Blatt wie eine Geliebte behandelt werden.

Auch für ihn war diese Möglichkeit, in seiner Bibliothek mit meiner Hilfe etwas Neues einzurichten, reizvoll. Auf diese Weise erlebten wir eine erfüllte Gemeinsamkeit, die sich wirklich fantastisch bewährt hat. So eine große Bibliothek bietet einen unendlichen Fundus. Wir erarbeiteten Methoden zur Aufbewahrung und Handhabung von Büchern und Handschriften, die wegweisend wurden, obwohl für mich das Arbeiten mit Büchern zunächst neu gewesen war. Ich habe in der Ehe unglaublich viel gelernt. Ich habe durch ihn das wunderbare Griechenland kennengelernt, unsere Tochter wurde geboren, und mein Beruf stand nicht mehr ganz so im Vordergrund wie vorher, als ich alleine lebte. Was ich von meinem Mann auch gelernt habe, war, Protokolle zu schreiben. Als Schriftsteller war das Schreiben sein Handwerk. Bei großen Aufträgen sind die Zustandsprotokolle natürlich sehr wichtig. Dabei hat er mir immer geholfen.

Nach der Pensionierung konnten mein Mann und ich hier in der Nähe von Freiburg unser Haus bauen. Ganz am Schluss seines Lebens bestand eine schöne Freundschaft mit Peter Huchel, der durch die Verbindung mit uns ein Grundstück hier in der Nachbarschaft fand. Es war ein besonderes Erlebnis, diese bereichernde Altersfreundschaft zwischen ihm und meinem Mann zu beobachten. Sie kannten sich vorher nicht persönlich, sondern nur als Lyriker und Schriftsteller aus ihren Werken. Auch Marie Luise von Kaschnitz lebte hier im Nachbarort und nahm an ihren Treffen teil.

Als wir nach Staufen kamen, war mein Mann schon sehr krank. Er war vorher sehr willensstark gewesen, nahm immer alles selbst in die Hand. So plante er auch von Anfang an, einen ganzen Teil des Hauses als meine Werkstatt zu bauen. Er wollte hier unbedingt sein letztes Buch »Aufstand der Dinge« noch fertigschreiben, und das hat er ja auch geschafft. Es war schwer für mich – ist es wahrscheinlich immer, wenn man einen Menschen so gut kennt –, seinen Verfall aus

der Nähe mitzuerleben. Schon vier Jahre nach unserem Umzug starb er. Es macht mich traurig, dass wir es nicht geschafft haben, dieses wunderbare Haus, das er mit so viel Herzblut konzipiert hat, länger gemeinsam zu genießen.

Doch ich bin dankbar, dass ich an diesem schönen Platz seit mehr als 30 Jahren leben und arbeiten kann. Es erfordert natürlich persönliches Engagement, das Haus und auch den Garten zu erhalten. Mal zwei Stunden die Quecke ausstechen oder eine schöne Rose neu pflanzen, das gehört ganz natürlich zu meinem Leben.

Nikoline hat sehr viel von ihrem Vater mitbekommen. Sie hat als Frau dieselbe Disziplin, dieselbe Klarheit und auch Begabung, die Dinge zu durchschauen. Wir haben eine sehr innige Beziehung. Sie weiß immer genau, was für mich das Richtige ist und was ich nicht machen sollte. Andererseits unterstütze ich sie auch in allen ihren Vorhaben. Ich empfinde es überhaupt als sehr schön, wenn die älteren Menschen die jüngeren brauchen und umgekehrt auch.

Ich habe das Gefühl, dass ich nicht älter werde. In unserer Einliegerwohnung wohnte lange Zeit ein Buddhist. Es war ein Geschenk für mich, dass ich mich mit einem Menschen über Dinge unterhalten konnte, die wichtig und wesentlich für mich sind.

Spirituelles habe ich auch nach dem Tod meines Mannes erlebt. Ich verbrachte eine Zeit in einer anthroposophischen Gemeinschaft in Dornach und habe über Anthroposophie Vorlesungen gehört. Ich hatte einen wunderbaren Lehrmeister, der mir einmal etwas sagte, was mich überzeugte: »Ihr Mann hat mich zu Ihnen geschickt.« Das habe ich angenommen. Wenn man sich zu viele Gedanken macht um das, was kommt, bedrängt es nur und verhindert, den Moment zu leben. Die Sorge um die Zukunft schwächt nur für den Augenblick.

Ich denke mir, wenn ich merke, dass mein Leben zu Ende geht, dann gehe ich in den Wald. Ich würde nicht kompliziert zu Ende leben wollen. Ich hoffe, dass es mir geschenkt wird, einen einfachen Tod zu haben.

Edith Kraus

Jahrgang 1913

Pianistin

Musik war meine Berufung von Anfang an.

Die Musik hat mich mein Leben lang begleitet, von Anfang an. Seit ich fünf Jahre alt war, stand für mich fest, dass ich Pianistin werden wollte. Als die Klavierlehrerin meiner sieben Jahre älteren Schwester sich einmal nach dem Unterricht im Vorzimmer den Mantel anzog, glaubte sie, meine Schwester wieder spielen zu hören. Doch das war ich. Ich habe nach Gehör wahrscheinlich nicht alle Töne, aber die Melodien gespielt. Meine ersten sechs Lebensjahre habe ich in Wien verlebt. Dann sind wir nach Karlsbad gezogen, und dort ging ich zu einer wunderbaren Lehrerin. Bei ihr habe ich so rasch gelernt, dass ich schon mit elf Jahren mein erstes Konzert geben konnte. Unvergesslich wird mir für immer bleiben, wie ich mit dem Karlsbader Orchester das c-Moll-Klavierkonzert von Mozart aufführte.

Heute kann ich leider nicht mehr Klavier spielen. Meine linke Hand will nicht mehr, und mit nur einer Hand macht es keinen Spaß. Aber ich höre als Jurorin viele junge Leute. Bis zum vorigen Jahr habe ich noch Meisterklassen unterrichtet, auch dieses Jahr in Schwerin.

Ich habe schon mit 20 Jahren geheiratet, und zwar gegen den Willen meines Vaters. Es gab so dramatische Schwierigkeiten mit meinen Eltern, dass sie mich sogar enterbten. Später spielte das sowieso keine Rolle mehr, denn dann war es Hitler, der uns enterbte. Heute kann ich meinen Vater verstehen. Er hatte große Hoffnungen in mich gesetzt, ich sollte eine weltberühmte Pianistin werden. Außerdem war mein Mann 16 Jahre älter als ich und als Damenfreund verschrien. Mein Vater stellte sich eine schreckliche Zukunft für mich vor, aber die wenigen Jahre, die wir zusammen waren, waren sehr schön.

Mein Mann hatte ein Kohlen-Engros-Geschäft und pendelte zwischen Prag und Karlsbad hin und her. Er hatte mich mit elf Jahren spielen gehört und seinen Freunden erzählt: »Die werde ich heiraten.« Über diese komische Geschichte haben alle gelacht. Er war sehr musikalisch und gebildet. In Prag hatte ich sehr schöne Jahre, wenn es auch leider nicht sehr viele waren. Im Jahre 1942 wurden wir nach Theresienstadt abtransportiert. Wir waren zwar beide fürs Auswandern gewesen, denn in Prag war man den Nazis nach dem Einmarsch schon sehr ausgeliefert. Doch man entschloss sich nicht so leicht, alles aufzugeben, und wir hatten nach Palästina keinerlei Beziehungen. Wir hatten auch kein Geld im Ausland, und mein Mann musste noch seine Mutter und Schwester versorgen. Die sind leider abtransportiert worden. Bald war es dann aber zu spät, und meine ganze Familie ist umgekommen. Meine Mutter war schon gestorben, als ich 18 Jahre alt war. Sie musste das Schreckliche nicht mehr miterleben, aber mein Vater, meine Schwester, viele Onkel und Tanten, die ganze Verwandtschaft. Es war eine sehr schlimme Zeit, die alles bisherige Leben unterbrach. Freunde und Verwandte, einer nach dem anderen wurde abtransportiert. Wenn es klingelte, dachte man, jetzt käme der Zettel, sich zum Transport einzufinden. Die Angst davor war eigentlich noch schlimmer als später das Leben im Ghetto.

Doch eines Tages kam der Zettel. Es hieß darin: Am nächsten Tag habt ihr euch im Messepalais zu melden. Das war ein riesiger Saal, dort blieben wir drei Tage, ohne Möbel, beinahe ohne Essen.

Doch das war erst der Anfang. Danach wurden wir in Viehwagen hineingeschoben. Schnell musste es gehen, ganz schnell, das mühsame Kraxeln in den Zug. Wir waren in diesem Viehwagen stehend eingesperrt, bis wir nach Boguschowitz kamen, denn damals gab es noch keine Eisenbahnstation in Theresienstadt. Dort wurden wir ausgeladen – auch wieder schnell, schnell. Die SS-Leute standen daneben und schubsten einen nach dem anderen weg. Wir mussten eine Stunde zu Fuß gehen. Die Koffer waren verschwunden, die waren wahrscheinlich schon in Prag gestohlen worden. In Theresienstadt wurde eingeteilt, wo jeder schlafen würde. Zuerst landete ich auf dem Kachelboden einer Küche ohne Möbel. Doch ich war so müde, dass ich auf dem nackten Boden fest geschlafen habe. Dann bekamen wir in der so genannten Hundertschaft unsere Arbeit zugeteilt. Das bedeutete, man musste jeweils 100 Stunden arbeiten, wo immer man hingeschickt wurde, zum Beispiel zum Fußbodenreinigen. Das hat mich nicht weiter gestört. In der Galanterie-Werkstatt nähte ich dann Brieftaschen für das deutsche Militär. Danach kam ich mit meiner Freundin Alice Sommer – sie war ebenfalls Pianistin – in die Glimmerwerkstatt. Wir saßen nebeneinander an einem großen Tisch und zerlegten Glimmer in dünne Scheiben. Unsere Freundschaft hat unser ganzes Leben überdauert. In dieser Zeit spielten Alice und ich schon Konzerte. Wenn eines am Abend stattfand, durften wir sogar eine Stunde früher gehen.

Die erste Zeit im Lager waren mein Mann und ich getrennt, aber nachdem ich als Pianistin bekannt geworden war, hatten wir ein Zimmerchen für uns beide. Eines Tages wurde er nach Auschwitz geschickt, und ich habe seitdem nie mehr etwas von ihm gehört.

Unter all dem Trostlosen und Schrecklichen in Theresienstadt hatte ich wirklich nur die Musik. Ich spielte sehr viel, in den drei Jahren habe ich etwa 300 Konzerte gegeben. Später habe ich erfahren, dass dieses Ghetto mit seinem kulturellen Leben etwas Besonderes war. Auch wenn die Nazis die »Freizeitgestaltung« für Propagandazwecke missbrauchten, konnten wir doch ein wenig Zivilisation und Menschlichkeit retten.

Trotz Tod und Elend
um mich herum habe ich
merkwürdigerweise nie
darüber nachgedacht,
dass ich sterben müsste.

Zuerst gab es keine Noten. Die Noten, die ich mitgenommen hatte, waren im Koffer gewesen, und unsere Koffer haben wir nie wieder gesehen. Also habe ich anfangs auswendig gespielt, zum Beispiel die D-Dur-Tokkata von Bach, die Mozart-Sonate in B-Dur, von Chopin einige Stücke und von Smetana die tschechischen Tänze. Das war mein erstes Programm.

Später bekamen wir die Noten, die Juden in ihren Wohnungen zurückgelassen hatten. Sie wurden zum Teil ins Lager gebracht und ergaben unsere Noten-Bibliothek.

Eines Tages kam der Komponist Viktor Ullmann in meine Übestunde und brachte mir seine eben vollendete 6. Sonate, mit dem Vorschlag, sie in Konzerten zu spielen. Diese Konzerte hatten viel Erfolg. Ich habe auch andere neue Sachen einstudiert. Meistens habe ich ohne Instrument nur in die Noten geschaut und die Stücke so gelernt. Üben durfte ich anfangs nur eine Stunde, später zwei Stunden. Wir mussten ja arbeiten. Wir spielten nur für die Insassen des Ghettos. Deutsche sind nie gekommen. Mit denen hatten wir überhaupt keinen Kontakt. Sie fuhren meist im Auto rücksichtslos schnell durchs Ghetto, ganz gleich, ob Leute im Weg standen. Den Mann meiner Freundin haben sie so überfahren, doch das war ihnen egal. Sie blieben nicht einmal stehen. Das waren unmenschliche Menschen.

Wieso ich überlebt habe, weiß ich nicht. Trotz allem Tod und Elend um mich herum, habe ich merkwürdigerweise nie darüber nachgedacht, dass ich sterben müsste. Ich hatte immer das Gefühl, dass ich irgendwie durchkommen würde, obwohl mein Mann umgekommen ist.

Zwei Mal stand ich auf der Liste für einen Transport. Ein Mal ging ich zu unserem Chef und fragte, ob er etwas für mich tun könnte. Aber er sagte, er könne nichts für mich tun, denn es gäbe ja noch eine Pianistin, die hätte einen kleinen Jungen. Damit war Alice gemeint. Wenn er jemandem helfen würde, so wäre sie es. Ich weiß nicht, wer mich von der Liste gestrichen hat.

Mein Glück war, dass ich in Theresienstadt Klavier spielen konnte. Nicht nur, weil es mir vielleicht das Leben gerettet hat, ich hatte Beschäftigung und Ablenkung. Sonst gibt es keinen Trost, ich trage das mit mir herum – Theresienstadt kann man nicht vergessen.

Als ich von dort zurückkam, nahm mich in Prag eine Freundin zu sich. Wir haben uns sehr geliebt, und wir lieben uns heute noch. Sie lebt jetzt in Kanada. Sie ist keine Jüdin, aber sie war mit Juden verheiratet. Bei ihr lernte ich nach drei Tagen meinen zweiten Mann

*Mein Glück war, dass ich
in Theresienstadt Klavier spielen
konnte. Nicht nur, weil es mir
vielleicht das Leben gerettet hat.*

kennen, den Bruder ihres Mannes. Wir haben geheiratet, und 1947 wurde meine Tochter geboren.

Ich wünschte mir damals, nur noch unter Juden zu leben. Nach den schrecklichen Erfahrungen wollte ich keine Anfeindungen mehr erleben und mich geborgen unter Gleichen fühlen. Den Kommunismus in Prag wollte auch mein Mann nicht. Er war schon früher Zionist gewesen. So wanderten wir 1949 in das neu gegründete Israel aus. Die Entscheidung, herzukommen, war richtig. Ich hätte mich in Deutschland nicht mehr wohlgefühlt.

Natürlich war es in Israel für uns ein ganz anderes Leben. Es waren sehr schöne befreite Jahre, man fühlte sich zu Hause. Das Hebräische machte mir anfangs ziemliche Schwierigkeiten, aber ich hatte es schon in Prag intensiv gelernt. Ich fing an, mir Schüler zu suchen, und unterrichtete bald an der Musikakademie in Tel Aviv.

Tiefgreifend hat mein Leben beeinflusst, dass ich schon als Kind mit einem Orchester gespielt habe, dasselbe Repertoire wie meine Schwester spielen durfte und immer sehr gute Lehrer und Lehrerinnen hatte.

Mein Vater führte ein Brautgeschäft, das seit 100 Jahren in der Familie war. Viele bekannte Leute kamen zu ihm ins Geschäft, und er verkündete ihnen immer stolz: »Meine Tochter ist Pianistin!« Dadurch hatte ich Empfehlungen zum Beispiel von Alma Mahler-Werfel. Kürzlich war in einer Ausstellung über Arthur Schnabel in

Edith mit ungefähr zehn Jahren

Berlin ein Brief ausgestellt, in dem Alma Mahler an Schnabel schrieb, dass sie ihm eine kleine Pianistin empfehle – damals war ich 13 Jahre alt. Auch dem Berliner Operndirigenten Leo Blech habe ich als Kind vorgespielt. So kam ich mit Empfehlungen nach Berlin. Ich habe Schnabel vorgespielt, der mich zu seinem Assistenten Alfred Schröder schickte. Im nächsten Jahr erlaubte mir dieser, drei Jahre an der Berliner Hochschule zu studieren – ich war die einzige Jugendliche. Die ersten zwei Jahre waren meine Mutter und mein Vater abwechselnd bei mir, danach blieb ich allein, ich war selbständig geworden.

Wenn ich auf mein Leben blicke, würde ich keine der aktiven Entscheidungen anders machen. Jede einzelne Station war wichtig. Besonders stolz bin ich heute darauf, dass ich im Alter von 80 Jahren noch sehr rasch vier Sonaten von Viktor Ullmann für eine Berliner Plattenfirma eingespielt habe. Damals wollte ich noch nicht nach Deutschland reisen, also haben wir die CD in Prag gemacht. Ich halte es für meine größte Leistung, dass ich das so schnell geschafft habe.

Man kann auch den Wiedereinstieg ins Leben nach Theresienstadt als besondere Leistung betrachten – eine Familie zu gründen, nach Israel auszuwandern und wieder ein neues Leben aufzubauen, nach dem Erlebten nach vorne zu blicken. Ein bisschen hat mir aber dabei der liebe Gott geholfen.

Das Älterwerden ist nicht so einfach. Man sitzt den größten Teil des Tages zu Hause. Aber ich bin doch dankbar, dass ich noch gesund bin, wenn ich auch schlecht sehe und höre. Ich kann Musik hören. Ganz wichtig sind auch Freunde. Meine Freunde hier in Israel haben keine Zeit, jeder arbeitet sehr viel. Aber ich habe während meiner Reisen in Deutschland Freunde gefunden. Am Freitagabend kommen wir immer alle bei meiner Tochter hier im Haus zusammen, die Kinder, die Enkelkinder und jetzt auch die Urenkelin. So bin ich in die Familie eingebunden und kann ihre Entwicklung erleben.

Schnell ist das Leben gegangen, aber es war ein gutes Leben, abgesehen von der Zeit mit den Nazis. Natürlich reduziert sich die Lebenskraft, aber trotzdem würde ich nicht gerne darauf verzichten. Ich bin ganz gerne hier.

Marie Marcks

Jahrgang 1922

Karikaturistin
und Grafikerin

*Wie Kann ich Einfluß nehmen
mit meinen Möglichkeiten ....*

Obwohl mein Leben nicht ohne Sorgen ist, lebe ich gern. Ich
erfahre viel Bestätigung und Freundschaft und bin dankbar, dass
ich weitgehend von Alltagssorgen befreit bin. Der Grundton ist
positiv. Meine Kinder allerdings meinen das Gegenteil. Neulich sagte
eine meiner Töchter: »Du siehst immer zuerst das Negative.« Das
machte mich nachdenklich, und ich ertappe mich seitdem dabei, wie
ich mich selbst beobachte. Es ist wohl so: Ich nehme den schlech-
teren Fall voraus, damit ich dann nicht so geschockt bin, wenn er
eintritt.

Ich begreife jetzt als über Achtzigjährige Dinge, die meine
Eltern früher gesagt haben. Mir wird vieles bewusst, was mir – solange
sie lebten – überhaupt nicht erwähnenswert schien. Mit »Marie, es
brennt« habe ich meine Autobiografie halb gezeichnet, halb geschrieben. Sie schildert mein privates Erleben, aber auch die Zeit bis zum
Jahr 1968. Die Jahre um und nach 1968 habe ich mit viel Sympathie
in meinen Karikaturen begleitet, obgleich ich keineswegs zu den
Achtundsechzigern gehörte.

Natürlich ist das Leben mit Fehlentscheidungen, mit Enttäuschungen verbunden. Als ich mit dem Karikaturenzeichnen begann, war ich Anfang 40 und hatte beruflich schwierige, aber auch zeitweise erfolgreiche Jahre hinter mir. Ich wollte es zunächst nur ausprobieren und freute mich, dass die *Süddeutsche Zeitung* meine Karikaturen druckte. Und nicht genug damit, man forderte mich sogar auf, regelmäßig mitzuarbeiten. Es war ein Novum, dass eine Frau für fähig befunden wurde, politische Karikatur zu machen. Frauen gelten ja als humorlos und unpolitisch. Wenn ich heute meine alten Sachen angucke, wundere ich mich, mit welcher Naivität und Unbefangenheit ich damals darangegangen bin. Die Karikaturen sind zwar etwas linkisch – ich hatte noch nicht die Übung im Zeichnerischen –, aber sie sind gut, das kann ich erst jetzt erkennen. Damals dachte ich: »O Gott, das werden sie sicher nicht nehmen.« Aber das Meiste wurde genommen. Dieser Erfolg und das Echo, das ich auf meine Arbeit bekam, haben mir sehr geholfen. Ich hatte die Möglichkeit, auszudrücken, was mich politisch quälte oder ärgerte, und wurde sogar dafür bezahlt, wenn auch schlecht. Mit der Karikatur kann ich schlimme Sachen und Zeitgenossen lächerlich machen. Immer wieder kommt die Aufforderung: »Mach doch mal etwas Positives.« Doch das ist nicht die Aufgabe der Karikatur. Ich würde sagen, das Ziel ist erreicht, wenn man so richtig darüber lachen kann. Ich habe eine Zeichnung von Atlas gemacht, der unter Mühen die Weltkugel trägt. Vor ihm steht eine Frau und sagt: »Roll doch das Ding, Blödmann!« Die habe ich überall angeboten, aber keiner wollte sie haben. Weil ich wusste, dass sie gut war, machte ich einen Buchtitel daraus. Dann habe ich den Entwurf noch einmal schön groß und farbig gezeichnet – und das Wilhelm-Busch-Museum kaufte sie (siehe Seite 85). Solche Geschichten kann ich zu vielen Zeichnungen erzählen. Neulich kam ein Polizist zu mir, nahm seine Mütze ab und meinte: »Keine Angst, es ist nichts passiert«; das fand ich schon nett. Er drehte seine Mütze in den Händen und fragte: »Haben Sie auch etwas, was mit Polizei zu tun hat?« Das hatte ich, eine Zeichnung, die ich vor Jahren für das *Zeit-Magazin* gemacht hatte. Sie zeigt eine kleine mittelalterliche Figur von Karl dem Großen. Dies Reiterbild Karls des Großen ist ungefähr zeitgenössisch, aus dem 9. Jahrhundert und ganz berühmt. Karls Beine reichen fast bis auf die Erde, und er hat sein Schwert in der Hand. Auf meiner Zeichnung fragt ihn ein Polizist in Uniform nach dem Waffenschein, und Karl der Große sagt: »Non!« »Name?« Auf die Antwort »Charlemagne« sagt der andere »Der will Karl der Große sein« und führt ihn ab. Die Zeichnung war wie gemacht für den Polizisten. Er hat sie genommen und war glücklich.

Welche Ereignisse haben mein Leben beeinflusst? Das ist schwer zu beantworten, es gab so Vieles. Ein ganz, ganz wichtiges Ereignis war der Krieg, ganz allgemein ausgedrückt natürlich: Krieg und Nazis und Judenverfolgung und – soweit es durchgesickert war – auch die -vernichtung. Deren entsetzliches Ausmaß wurde mir erst später klar. Aber wer behauptet, er hätte nichts mitgekriegt, der schwindelt. Ich wusste, dass das pure Gegen-Hitler-Sein völlig sinnlos war. Das war höchstens unvorsichtig, und man konnte ins KZ kommen. Später kamen dann die Atombombenversuche auf den Bikini-Inseln. Als ich in meinem kleinen Radio hörte, dass die Versuchsserie mit Erfolg abgeschlossen war und die Waffe jetzt in Serie gehen sollte, war ich geschockt! Ich dachte: Das einfach nur Dagegensein hat damals schon nichts genutzt, ich muss etwas tun! Ich hatte schon zwei Kinder und überlegte in meiner kleinen Dachbude: Wie kann ich Einfluss nehmen mit meinen Möglichkeiten, ein winziges Scherflein dazu beizutragen, das Schreckliche zu verhindern?

Damals war uns sehr viel bewusster, wie furchtbar eine Atombombe ist. Hiroshima war noch frisch im Gedächtnis, und auch wenn die grauenhaften Folgen verschwiegen wurden, sickerte doch einiges durch. Ich überlegte, wo ich mit den Kindern in Sicherheit wäre, und mir wurde klar: nirgendwo. Die Bombe hat eine unvorstellbare Sprengkraft. In Terroristenhand vor allen Dingen ist die Gefährdung hunderttausendmal größer als damals. Heute ist aber alles in Interesselosigkeit versunken, das Bewusstsein für die Gefahr ist abhandengekommen. Damals aber zog ich für mich die Konsequenz, politische Karikaturen zu machen und eine Publikationsmöglichkeit zu suchen, um meine Meinung öffentlich vertreten zu können.

Als Erstes arbeitete ich an einer wissenschaftspolitischen Zeitschrift mit, *Atomzeitalter*, und berichtete über die Atomkraft, auch über deren friedliche Nutzung. Da haben viele wichtige Leute mitgeschrieben, wie Robert Jungk als Mitherausgeber, Claus Koch, Oscar Negt, Jürgen Habermas und auch mein geschiedener Mann, Helmut Krauch. Sie wollten von mir eigentlich nur Vignetten haben, aber ich habe es mit den Karikaturen versucht, die dann gleich von der *Süddeutschen* nachgedruckt wurden. Ich habe dann 25 Jahre für die *SZ* gearbeitet. Mich brachten also die Ereignisse zu den Karikaturen, auch wenn sie sich nicht wiederholten. Es gab keine Nazizeit und keinen zweiten Hitler, aber den Kalten Krieg mit bis an die Zähne bewaffneten und auf den Tod verfeindeten Machtblöcken.

Ich hatte eigentlich Architektur studiert, aber heute bin ich froh, dass ich nicht Architektin geworden bin, sondern durch Zufall oder durch den heftigen Wunsch, etwas zu verhindern oder wenigstens meine Ansicht, die durchaus eine weibliche ist, zu äußern, den Weg der zeichnerischen Mittel eingeschlagen habe. Glücklicherweise stamme ich aus einer künstlerischen Familie. Mein Onkel war der Bildhauer Gerhard Marcks und mein Vater, ein Architekt, ein wunderbarer Zeichner. Meine Mutter führte eine Kunstschule, und alle hatten Humor. Diese erbliche Seite war ein gutes Rüstzeug und gab mir Rückhalt für meine Arbeit. Ich erinnere mich noch an meinen ersten Fanbrief, einen handgeschriebenen Brief in ganz kleiner

Schrift von Walther Killy, dem damaligen Leiter der Herzog August Bibliothek. Er schrieb, dass ich immer das zeichnete, was er fühlte, und kaufte ein Original. Damals waren meine fünf Kinder noch im Haus, und ich war »alleinerziehend«. Ich war über diesen Brief so glücklich! Er gab mir großen Auftrieb. Ich kann nur allen Frauen raten, einen Beruf zu ergreifen, der Echo verschafft, der befriedigt, durch den man außerhalb der Familie auch Bestätigung bekommt.

Im Alltag mit meinen Kindern erlebte ich natürlich auch die weniger schönen Seiten. Das heißt nicht, dass ich nicht bis zum heutigen Tage meine längst erwachsenen Kinder sehr liebe, aber es war phasenweise so: Die Älteren hatten schon Freund oder Freundin, die selbstverständlich mit im Haus lebten, der Nächste war in der Pubertät, dann kamen die Kleinen und kein Mann dazu. Mit der Karikatur war zunächst kaum etwas zu verdienen, es war viel Arbeit, und ich musste immer gut informiert sein. Ganz langsam kamen andere Zeitschriften und Zeitungen dazu. In der *Zeit*, im *Spiegel* wurde etwas veröffentlicht oder in der *Brigitte*, auch in Jugendzeitschriften. Allmählich konnte ich davon leben und später sogar zeitweise sehr gut.

Immer wieder kommt die Aufforderung: »Mach doch mal etwas Positives.« Doch das ist nicht die Aufgabe der Karikatur.

»Roll doch das Ding, Blödmann!«
Wilhelm-Busch-Museum/Deutsches
Museum für Karikatur und kritische
Grafik; Schenkung des Vereins
der Förderer des Wilhelm-Busch-Museums

Aber neben diesen Ereignissen in meinem Leben bleibt es ein nicht zu überbietendes Glücksgefühl, ein gesundes Kind zur Welt gebracht zu haben. Wenn die Kinder sich »verwirklichen« können, dann ist das Glück vollkommen. Natürlich erkenne ich aus heutiger Sicht, dass manche Entscheidungen für mein Leben oder das meiner Kinder falsch waren. Bei den Kindern wäre Strenge oder ein Rausschmiss manchmal segensreicher gewesen, aber das ist alles blasse Theorie. Ich weiß, dass ich mich in entsprechenden Situationen heute wieder genauso verhalten würde.

Wie kann ich Einfluss nehmen mit meinen Möglichkeiten ...

Obwohl ich schon so lange in Heidelberg lebe, ist Berlin als meine Heimatstadt immer wichtig geblieben. Genau wie für meinen Vater, der mir im Alter, als er schon lange nicht mehr in Berlin lebte, schrieb: »Ich fühle mich meiner Heimatstadt immer noch verbunden.« Er war ein enger Jugendfreund von Walter Gropius, der seit den Dreißigerjahren in den USA lebte. Dieser hatte ihn auch in Berlin besucht, das damals völlig in Trümmern lag. Es ist natürlich wichtig, wo man geboren und aufgewachsen ist, aber manchmal fallen Entscheidungen für Wohnorte ganz zufällig. Das erinnert mich an einen anderen Brief meines Vaters. In dieser Zeit hatte ich meine beruflichen Fühler nach Hamburg ausgestreckt, und er schrieb mir wörtlich: »Mache deine Entscheidungen nicht von einer Liebschaft abhängig!« Genau das habe ich dann doch getan, und bin so in Heidelberg hängengeblieben. Auch Amerika war in meinem Leben wichtig. Das hätte ich ohne meinen Mann nie kennengelernt, der als Wissenschaftler dort sein Post-Doctor-Fellowship machte. Da war ich plötzlich Wissenschaftler-Gattin, mit drei kleinen Kindern, und erlebte all die überflüssigen Empfänge. Meine Erlebnisse »Mit Damen« habe ich alle zu Papier gebracht. Aber Amerika hat mir auch sehr viel gebracht. Später habe ich ohne viel Erfolg versucht, in New York Arbeit zu finden. Wir waren noch ein zweites und drittes Mal mit drei Kindern in Amerika, erst in Stanford, dann in Berkeley. Das war die Zeit der großen Studentenbewegungen gegen den Vietnam-Krieg, und überall bin ich da mitgezockelt. Mit den Kleinen an der Hand ging es stundenlang in San Francisco, das ja viele Hügel hat, zu Fuß auf und ab und auf und ab. Schließlich fragte die Fränze: »Wenn wir einen Bus nehmen« – der aber gar nicht fahren konnte – , »dann sind wir doch immer noch gegen den Krieg, oder?«

Ich sehe es als mein Verdienst an, meine fünf Kinder irgendwie über die Runden gebracht zu haben. Ich werde noch heute gefragt: »Wie haben Sie das denn gemacht, mit fünf Kindern und einem Beruf und dann auch noch Erfolg haben?« Doch mir kam vieles entgegen. Ich war die Erste, die den Alltag mit Kindern – mal durchgreifen und mal fünfe gerade sein lassen – thematisierte. Ich habe meine Inkonsequenz dann in den Büchern »Immer ich« und »Alle dürfen, bloß ich nicht« geschildert, die im Antje Kunstmann Verlag erschienen. Bei »Euch geht's zu gut« waren die Kinder schon halbwüchsig. Darin beschreibe ich, wie die Kinder mich über den Tisch zogen und verunsicherten. Ich dachte: »O Gott, jetzt hast du öffentlich gemacht, wie es bei dir zu Hause zugeht!« Aber viele Frauen, die in ähnlicher Situation waren, gaben mir ein positives Echo. Wenn ich auf Lesungen bin, ist meist eine Frau oder ein erwachsener Sohn dabei: »Sie haben unser Leben begleitet. Sie haben uns viel Kraft gegeben und geholfen. Ihre Zeichnungen hingen immer bei uns auf dem Klo.« Und ich dachte früher, in allen anderen Familien spielen die Kinder immer nur Telemann und schreiben Einsen! Die Kinder sind bis zum heutigen Tag sehr präsent in meinem Leben. Es passiert immer wieder, dass ich mit Bleistift und Block losgehe und zeichnen oder mir eine Idee aufschreiben will, und was kommt meinen Gedanken in die Quere? Die Gören, die längst aus dem Haus sind, die mir mit ihren wohlgelungenen Kindern, meinen Enkelinnen und Enkeln, Freude bereiten, aber – leider – auch Sorgen und Seelenschmerz.

Mein Elternhaus spielte immer eine große Rolle in meinem Leben. Je länger meine Eltern tot sind, desto wichtiger werden sie mir. Natürlich auch der Onkel, Gerhard Marcks, dem ich ab und zu

Modell stehen musste. Er zitierte, während er vor seiner Plastik stand, Hölderlin und sagte mir: »Da fängt die Dichtung erst an.« So etwas bleibt hängen. Auch die Literatur, die mein Vater für mich aussuchte. Es ist mir erst mit 80 bewusst geworden, wie gezielt er die Bücher für mich je nach Alter ausgewählt hat, wie »Die weißen Götter«, »Die Eroberung Mittelamerikas durch Cortez«, »Von Pol zu Pol«, von Sven Hedin »Die Nordwestpassage«. Bei dem Buch »Die Meuterei auf der Bounty«, das schon verfilmt worden war, hat er mit der Rasierklinge die Filmbilder herausgeschnitten, damit meine Phantasie nicht beeinflusst würde. Aber ich musste 80 werden, bis ich das erkannt habe! Was meine Mutter für mich getan hat, wurde mir in vollem Umfang eigentlich erst klar, als ich an »Marie, es brennt« saß, da war sie schon über 40 Jahre unter der Erde.

Selbstverständlich haben meine Partner eine große Rolle gespielt. Liebe ist etwas ungeheuer Schönes, und wenn sie kaputtgeht, etwas im negativen Sinn ebenso Ungeheuerliches. Natürlich dachte ich jedes Mal, es ist für ewig, aber das war es dann eben nicht.

Trost habe ich durch die Kinder erfahren, auch viel Schmerz. Ich richte mich heute noch daran auf, was einmal war. Zum Beispiel als eine Tochter sich plötzlich in ihrem Kinderbettchen aufrichtete, aus dem Fenster guckte und sagte: »Ein Stern, ein Stern für die Mutti«, und dann wieder weiterschlief. Das sind echte Sternmomente, die sind noch schön, auch wenn sie lange vergangen sind. Ich kann auch sehr glücklich über einen blauen Himmel sein, vom eleganten Flug der Mauersegler belebt, oder über einen schönen Sonnenuntergang. Auch aus Gedichten, Balladen, die ich als Kind gelesen habe, aus Büchern und Musik beziehe ich Lebenskraft.

In meinem neuen Buch »Niemand welkt so schön wie du« zeige ich, wie ich das Altern erfahre. Dabei habe ich mich im Wesentlichen auf die komischen Seiten konzentriert – aber lustig wird das Altern natürlich nicht wirklich. In dem Maße, in dem die Familien als Großfamilien bis auf wenige Ausnahmen nicht mehr existieren, wächst die Vereinsamung. Ich bin dank meines Berufes, dank meiner Kinder, meiner vielen Kontakte, die ich durch den Beruf habe, vor Vereinsamung bewahrt. Bis jetzt jedenfalls. Mir wird aber auch mit dem Alter vieles klarer. Ich kann es jetzt doppelt genießen – oder bereuen.

Körperlich versuche ich, im wahrsten Sinne des Wortes auf den Beinen zu bleiben, und erkenne mehr und mehr, wie viele treffende Wörter und Wendungen unsere Sprache parat hält: hinfällig, gebrechlich, altersschwach. Ich versuche, morgens Gymnastik und jeden Tag einen schönen Spaziergang zu machen. Ich vermeide es, Bleistifte auf dem Boden liegen zu lassen, weil man darauf wegrollen kann. Ich bin vorsichtig, damit ich so lange wie möglich davor bewahrt bleibe, wirklich hinfällig zu werden. Das schlimme Altern irgendwo im Altersheim, gar gelähmt oder geistig weggetreten, das verdränge ich einfach. Ich fühle mich zwar die ganze Zeit verpflichtet, ein Konto anzulegen, damit ich meinen Kindern später nicht zur Last falle und damit sie mich einmal irgendwie unter die Erde bringen können. Doch nichts dergleichen habe ich bisher getan. Mit Gottes – und Anwalts Hilfe – habe ich aber ein Testament gemacht, wohl wissend, dass man kein Testament machen kann, das allen gerecht wird. Darin bin ich überquer mit der Journalistin Claudia Wolff, mit der ich befreundet bin und die ein Buch über ihre alt werdenden und sterbenden Eltern geschrieben hat. Sie sagt immer: »Lass es dich nichts angehen, du bist dann weg, du bist doch einfach weg.« Aber so denke ich eben nicht. Ich möchte in gewisser Weise Weichen stellen. Nach dem Faust-Zitat »Es kann die Spur von meinen Erdentagen nicht in Äonen untergeh'n« möchte ich sowohl in dem, was ich versucht habe, meinen Kindern zu vermitteln, als auch mit dem, was ich als Karikaturistin gemacht habe, gegenwärtig bleiben.

Die Eltern von
Marie Marcks,
rechts die Mutter mit
ca. 12 Jahren

Margarete Mitscherlich

Jahrgang 1917 – 2012

Psychoanalytikerin

Ich brauche immer, ich war von Geburt an Feministin

Mein jetziges Lebensgefühl ist naturgemäß sehr unterschiedlich. Wenn ich arbeite, denke, schreibe, Vorträge halte oder etwas gelesen habe, wodurch ich eine neue Sicht der Dinge entwickeln konnte, dann geht es mir gut. Mein Leben ist dadurch sehr reich, dass mich unendlich viel interessiert. Ich überlege oft, wie es wäre, mit der heutigen Erfahrung noch einmal 20 oder 15 Jahre alt zu sein. Man weiß am Ende seines Lebens so viel mehr. Ich würde ganz anders lernen, ganz anders die Welt sehen, Dinge entdecken können. Goethe hat das berühmte und mir wichtige Wort gesagt: »Wer nicht von 3000 Jahren sich weiß Rechenschaft zu geben, bleibt im Dunkeln unerfahren, mag von Tag zu Tage leben.« Durch zwei Ägyptenreisen bin ich angeregt worden, mich über die allerersten Sprachen und über diese unglaublich hohe Kultur kundig zu machen. Seitdem würde ich gerne mehr erfahren, um vergleichen und erkennen zu können, wie in vielem ähnlich und wie in vielem durch den jeweiligen Zeitgeist die Menschen unterschiedlich waren. Ich würde damit gerne noch einmal anfangen, von Anfang an die Lust am Lernen zu begreifen. Und das in viel größerem Ausmaße, als ich das in diesen paar Jahren, die ich noch zu leben habe, werde tun können.

Ich blicke auf fast ein Jahrhundert zurück und frage mich, ob sich mein Selbstverständnis im Laufe meines Lebens tatsächlich verändert hat. Ich wurde in eine relativ aufgeklärte Zeit hineingeboren. Dänemark war ein modernes Land mit dem Wissen der Moderne, mit der Psychologie, die auch sich selber gegenüber distanziert und ironisch sein konnte. Außerdem hatte ich eine sehr gebildete Mutter. Ich habe schon in der Kindheit viel gelesen, und das wurde unterstützt. Was sich geändert hat, ist die Einstellung zur Sexualität, die war nicht annähernd so wie heute. Sexualität war etwas, was man nur in der Ehe haben durfte und als Frau möglichst in Grenzen halten sollte.

1932 kam ich nach Flensburg aufs Gymnasium. Da herrschte eine viel autoritärere Stimmung, als ich es von Dänemark gewöhnt war, aber wir hatten hervorragende Lehrer. Was ich an Literatur mit unserem Englischlehrer und unserer Deutschlehrerin – auch in der Nazizeit – in der Oberstufe durchgenommen habe, hat mich tief geprägt. Deutschland war in den Zwanzigerjahren ein fortschrittliches Land, dann kam durch die Nazizeit der große Bruch und hat alle Menschen wieder verdummt. Was wichtig in der Kunst war, galt jetzt als entartete Kunst, was wichtig in der Literatur war, wurde verbrannt.

Wir hatten Mühe, Abitur zu machen, weil unsere Deutschlehrerin als politisch unzuverlässig galt. Da spürte ich zum ersten Mal Angst und hatte das Gefühl, dass ich mein Leben so, wie ich es wollte, nicht leben durfte, womöglich nicht studieren durfte. Ich habe mich also angepasst, nur in unserer Clique konnten wir offen reden. Mit diesen Freunden, mit denen ich während des Krieges zusammen war, habe ich, so sie nicht gestorben sind, noch heute Kontakt. Wir waren keine Helden, die aktiv gegen die Nazis kämpften, aber innerlich waren wir geprägt von unserer Schulzeit. Ich konnte natürlich in Dänemark in der dänischen Bibliothek immer weiter alles lesen. Ich war dadurch nie von der Literatur und dem Denken, das mir selbstverständlich und lieb war, völlig abgeschnitten. Ich behaupte immer, ich war von meiner Geburt an Feministin. Ich habe mich von klein auf sehr mit meiner Mutter identifiziert. Ich übernahm ihre Art von Toleranz und den Wunsch, sich in andere Lebensbereiche einzufühlen. Auch meine Mutter las gerne Romane. Wenn man früh ungezählte Romane aus den verschiedensten Ländern liest, dann bemerkt man, wie unterschiedlich die Art des Denkens, die Art des Lebens, die Art des Miteinanderseins ist. Doch angeblich gibt es keine verschiedenen menschlichen Arten, es gibt heute nur die eine Menschenart, »homo sapiens«, die unterschiedlich ausgeprägt ist und unterschiedliche Sprachen spricht.

Da spürte ich zum ersten Mal Angst und hatte das Gefühl, dass ich mein Leben so, wie ich es wollte, nicht leben durfte …

So wie meine Lehrerin in der Schule mir die Welten der Literatur, der Kritik, der Kunst eröffnete und meine Mutter mich über das, was wesentlich im Erwachsensein ist, aufgeklärt hatte, gab mir später die Psychoanalyse einen neuen Schub. Da konnte ich Dinge in mir besser verstehen und erkennen, warum ich mich in bestimmten Situationen so verhalten oder warum ich so gedacht und reagiert hatte. Warum mein Lebensweg diesen Pfad entlanggelaufen ist, das hat mit der Psychoanalyse zu tun.

Ich finde das Älterwerden mühsam, weil ich körperlich doch sehr eingeschränkt bin und die Lust, den Körper ganz selbstverständlich zu bewegen, durch nichts zu ersetzen ist. Früher bin ich gern Ski gelaufen und ich liebte es zu laufen. Ich konnte reisen, wohin ich wollte, einfach den Koffer packen und weg. Jetzt bin ich an meine Wohnung gebunden, und wenn ich in mein Haus fahren will, muss ich immer jemanden haben, der mich begleitet. Ich bin nicht mehr Herr meines Körpers und daran kann ich mich schwer gewöhnen. Aber darum muss ich die Lust am Denken umso mehr genießen.

Habe ich im Leben wirklich eigenständige Entscheidungen gefällt? Wenn ich zurückdenke, dann hat sogar die Entscheidung, dass ich mit 14 Jahren von zu Hause wegging, obwohl ich ein sehr an

meine Mutter gebundenes Kind war, eigentlich meine Mutter getroffen. Nach Flensburg aufs Gymnasium zu gehen, war aber entscheidend für mein Leben, denn dort habe ich eine ganz neue Sicht
der Dinge durch die bereits erwähnten Lehrer bekommen. »Du willst
doch Abitur machen«, hatte meine Mutter gesagt und ich hatte brav
»Ja« geantwortet. Eigentlich wollte ich aber bei ihr bleiben. Später,
nach dem Abitur, wollte ich wie meine Mutter Lehrerin werden, Geschichte, Deutsch und Englisch studieren. Es stellte sich aber schnell
heraus, dass gerade diese Fächer sehr vom Nazigeist infiziert waren.
Ich wollte über das Dänische nicht nur das Deutsche erfahren, sondern ich wollte auch wissen, wie Engländer und Franzosen denken
und leben. Also habe ich Medizin studiert, denn die Organe, das Lernen der Funktionen von Niere und Leber sind nicht von Naziparo-
len abhängig. Medizin war einfach realistisch. Ich war nie ein romantischer Mensch im idealistischen Sinn. Ich konnte auch Hitler nicht
idealisieren, dagegen war ich wirklich absolut gefeit.

Mein Gefühl für Realität, für die Wirklichkeit als Wahrheit, war
sehr unmittelbar, fast genetisch entwickelt. Das Medizinstudium tat

Margarete Mitscherlich, rechts bei der Konfirmation 1932, in der Mitte 1946

mir gut, ich musste sehr viel lernen. Ich hatte ein Gespür für die Diagnostik und merkte früh, wie viel psychische Komponenten dabei eine Rolle spielen. Mein Interesse an den Menschen, ihrer Psychologie und körperlichen Befindlichkeit, war immer groß, nur das Interesse an dem naturwissenschaftlichen Wissen, das ja auch der Medizin zugrunde liegt, war nicht so stark.

Durch eine jüdische Freundin bekam ich eine Stelle in der Schweiz bei Dornach, nahe dem anthroposophischen Zentrum. Hier habe ich begierig angefangen, weil mich die anthroposophische Medizin interessierte. Mein damaliger Freund konnte nicht mitfahren. Er war deutscher Staatsangehöriger und benötigte 1947 von den Engländern, den Amerikanern und den Franzosen. Das war ihm unmöglich. Und ich war ganz froh, wegzukommen und in der Schweiz etwas zu machen, was mich wirklich interessierte.

Nein, ich habe jetzt genug.
Ich will jetzt neugierig
nach innen sein
und nicht mehr nach außen.

Zugegebenermaßen war mir die Anthroposophie dann doch etwas zu realitätsfern. Aber ich lernte dort Alexander Mitscherlich kennen, und damit begann meine Beziehung zur Psychoanalyse. Alexander Mitscherlich war jemand, in den ich mich sofort verliebte. Das war kein Wunder: Er war ein wirklich kultivierter Mensch und ein physisch anziehender Mann mit großem Charme. Er ließ mir mit Vergnügen die Freiheit, die ich brauchte. Außerdem vertrat er die Wissenschaft, die nun wirklich unmittelbar in mein Leben passte: Meine Lust an der Literatur, an der Psychologie, am Menschen.

Wenn die Psychoanalyse nicht gewesen wäre, wären wir wohl eher nicht zusammengeblieben, denn er war bereits zum zweiten Mal verheiratet und hatte Kinder. Es gab eigentlich keinen Grund für ihn, sich noch einmal scheiden zu lassen. Ich habe meiner Mutter, die das alles gut aushalten konnte, später einmal vorgeworfen: Was hätte ich für schöne Zeiten haben können, wenn du mich nicht in so rigider Sexualabwehr erzogen hättest. Aus Lust miteinander schlafen – das war nicht drin. Ich glaube, es war wirklich die Lösung für mich, dass ich dann diese sehr spontane Beziehung zu dem verheirateten Alexander Mitscherlich eingegangen bin, gerade in erotischer Hinsicht. So habe ich mich von meiner Mutter gelöst und frei nach meiner eigenen Lust gehandelt. Im Rückblick fand ich das gut.

Ich war zuerst in Stuttgart tätig, habe dort eine Analyse gemacht, dann arbeitete ich in der Klinik meines Mannes in Heidelberg. Wir waren nicht verheiratet, und niemand wusste, dass wir liiert waren. Als ich dann meine weiteren Ausbildungsschritte machen wollte, musste oder sollte, habe ich meinen inzwischen geborenen Sohn nach Dänemark zu meiner Mutter gegeben, weil ich dachte, dass er dort besser aufgehoben war. Lange Zeit hat mich das mit einem ungeheuren Schuldgefühl erfüllt, das tut es heute überhaupt nicht mehr. Ich weiß, dass er dort so gut aufgehoben war wie nirgendwo anders.

Alexander Mitscherlich war ein sehr neugieriger Mensch, der viel mehr Nach-außen-Gehende von uns beiden. Er meinte immer: »Du musst den kennenlernen, dahin gehen, das kennenlernen.« Dann sagte ich: »Nein, ich habe jetzt genug. Ich will jetzt neugierig nach innen sein und nicht mehr nach außen.« Er war in gewissem Sinne romantischer als ich. Er machte sich mehr Illusionen über die Menschen, über mich, vielleicht auch über sich, und gleichzeitig lebte er natürlich in einer Männerwelt. Diese Gesellschaft schätzte ohne Zweifel Männer mehr, und er war ein sehr erfolgreicher und hoch gebildeter Mann. Er hat einmal gesagt, ich sei intelligenter als er. Aber damit meinte er – glaube ich – realitätsgerechter. Ich habe ihn nicht um die größere Popularität beneidet, ich war ganz zufrieden in meiner Welt. Ich lebte mit der Psychoanalyse, bildete aus, lernte dauernd etwas Neues. Ich ging nach London und machte dort eine Analyse bei dem Analytiker, zu dem er eigentlich gehen wollte. Der englischen Art des Denkens, die vieles mit der dänischen gemeinsam hat, fühlte ich mich verwandter als er. Hier war ich eher diejenige, die weniger fremd war. Ich habe seine Fähigkeit, in die Welt hinauszugehen, schön gefunden und bin oft gerne mitgegangen, bin aber auch gerne zu Hause geblieben. Ich habe es genossen und mich mit ihm identifiziert, wenn er Erfolge hatte. Ihm fiel dies später, als er schon krank war, etwas schwerer, wenn ich dann Erfolge hatte. Das fällt Männern, denke ich, immer schwerer. Solange er gesund war, hatte ich nie wirklich Sorgen um ihn, weil er so vital war. Aber plötzlich merkte ich diesen Vitalitätsbruch, an den ich anfänglich nicht glauben wollte. Da habe ich mich zwar langsam, aber dann doch eindeutig darauf einstellen müssen, in ihm keine Stütze mehr zu haben. Ich hatte ganz selbständig gearbeitet und hatte auch mein eigenes Konto. Ich brauchte absolute Freiheit im Ausgeben und Nichtausgeben. Aber er hatte so manches im täglichen Leben übernommen, wie Steuern und Autoreparatur und vieles mehr. Außerdem war seine reine Anwesenheit von größter Bedeutung für meine innere Sicherheit.

Das Wichtigste in meinem Leben, was Gefühle betraf, waren sowohl mein Sohn als auch mein Mann. Natürlich waren auch Freundschaften sehr wichtig. Aber daneben gibt es immer einen Bereich, der einem nicht genommen werden kann: Sie können stets auf die Lust des Denkens, denn es ist eine Lust, zurückfallen.

Warum bin ich so geworden, wie ich bin? Warum ist die Menschheit so geworden? Wie war der Zeitgeist damals? Warum hat der Zeitgeist sich verändert, und wie verändert er die Menschen? Dieses Interesse am Denken bleibt Ihnen ein Leben lang, auch wenn die Ihnen am nächsten stehenden Menschen Sie einmal verlassen haben.

Es gibt Perioden – wenn ich sehr müde bin –, da denke ich, wie schön es wäre, sich ins Bett zu legen, einzuschlafen und nicht mehr aufwachen zu müssen. Der Todestrieb ist ja ursprünglich ein biologischer Trieb. Aber es gibt nur eine theoretische Zustimmung zum Tod, da man sich alles vorstellen kann, nur nicht den Tod, weil man ihn nie erlebt hat. – Und die Seele? Also die Kraft, die Wesenskraft, die geistige Kraft, die Essenz dessen, was sie ausmacht, jenseits des Materiellen – wo bleibt sie, wie bleibt sie? Keine Ahnung.

Susanne von Paczensky

1923 – 2010

Publizistin
und Feministin

Ich mag gerne ich sein.

Ob ich gerne lebe? Ja, ich lebe sehr gerne. War das Leben gut zu mir? Im Großen und Ganzen ja, vor allem habe ich fast alles, was mir widerfahren ist, selbst bestimmt. Das Gute – und auch das Schlechte habe ich mir selbst eingebrockt.

Ich war ein ganz schüchternes Kind, das, wie ich heute sehe, fast ohne Liebe aufwuchs. Glücklicherweise hatten wir die ersten acht Jahre ein Kindermädchen – Paula –, sie hat mich gekost und geherzt, und zu ihr durfte ich abends ins Bett krabbeln. Es herrschte ein strenges Regime zu Hause. Meine Mutter war eine kühle, intellektuelle, in sich gekehrte Person, die außerdem meinen Bruder bevorzugte. Mein Vater hat mich wohl geliebt, war aber nie zu Hause.

Auch noch als junge Frau war ich ängstlich und unsicher, obwohl gesagt wird, dass ich schon damals frech gewesen wäre. Allerdings glaube ich rückblickend, dass unsere familiäre Situation, die Verfolgung durch die Nazis, mich eher gestärkt hat. Die Nazizeit erreichte uns in Schüben. Zunächst verlor mein Vater als Nichtarier seine Stellung. Er hatte dann Auswanderungspläne, die mir auch gut gefielen, aber meine Mutter wollte nicht. Das Bedrückende war allgegenwärtig, und man durfte überhaupt nichts Frivoles oder Lustiges mehr machen. Es hat mich sehr beschäftigt, ob die Welt wirklich so schlecht und ob ich herzlos oder egozentrisch war, wenn ich auch einmal fröhlich und albern sein wollte. Das war der eine Teil meines Alltags, der andere Teil spielte sich in der Schule ab, wo ich sehr schlecht behandelt wurde. Aber ich habe mich nie zu Hause beschwert, wollte meine Eltern schonen und dachte von Anfang an, dass ich damit alleine fertigwerden müsste. Ich habe sehr früh meine Sachen selbst erledigt und ich denke, das war gut für mich, es hat mich gestärkt. Auch für das, was ich dann tat: Ich habe mich den Schikanen nicht unterwerfen wollen und probierte durch eine Bewerbung an der Uni Freiburg aus, ob ich nicht anderswo als »arisch« durchgehen würde, um studieren zu können. Meine Eltern, vor allem mein Vater, waren entsetzt über die Fälschung, aber ich habe mich durchgesetzt und darauf war ich sehr stolz. Plötzlich eröffnete sich mir eine ganz neue, herrliche Welt, wo alle Leute vergnügt waren, in der geflirtet und getrunken wurde und andere schöne Sachen.

Doch endlich war der böse Spuk vorbei, und ich wurde als gänzlich unerfahrene Journalistin von den Amerikanern für die Berichterstattung über die Nürnberger Prozesse ausgewählt. Das war eine starke Zäsur in meinem Leben. Als ich aus Nürnberg kam, war ich weltbekannt, hatte ein mordsmäßig gutes Renommee, jeder Mensch kannte meinen Namen. Ich konnte bei der *Welt* als Redakteurin arbeiten. Aber ich heiratete dann, war meinen Namen los, und niemand wusste noch, dass ich diese Susi Czapski, Sonderberichterstatterin aus Nürnberg, gewesen war. Mein Mann und ich waren beide in der politischen Abteilung der *Welt*. Sehr bald sagte der Chefredakteur zu uns:»Es ist unser Prinzip, dass Ehepaare niemals in derselben Abteilung arbeiten. Susanne, Sie gehen doch sicher gern ins Feuilleton.« Ich höre das noch heute. Wieso soll ich gerne ins Feuilleton gehen, was habe ich da verloren, dachte ich, aber ich fügte mich ohne Widerrede. Das empfand ich jahrelang als eine meiner großen Niederlagen. Gott sei Dank wurde dann die *Welt am Sonntag* gegründet, ich bekam eine eigene Seite und durfte das Vermischte aufbauen.

Später gingen wir ins Ausland, zuerst nach England, wo mein Mann Gert von Paczensky Korrespondent wurde, später nach Frankreich. Er war nun ein angesehener Mann mit gutem Posten, ich aber durfte als Ehefrau ohne Job mitkommen, was mich natürlich ärgerte. Also habe ich mir selbst etwas eingerichtet. Ich habe Berichterstattung für Allgemeines gemacht, was es bis dahin noch nicht recht gab, und hatte viel Erfolg damit. Damals war Kulturberichterstattung noch etwas sehr Hochgestochenes für bessere Leute. Ich habe etwas ganz anderes daraus gemacht. Heute würde man es Lifestyle nennen. Ich habe über die Chansonniers geschrieben, bin über Märkte geschlendert, habe über Prozesse berichtet. Das hat mich befriedigt, weil ich das Land kennenlernte, und meine Leser erfreute es auch. Ich schrieb für deutsche Zeitungen aller Art. Von da an legte ich immer Wert darauf, frei zu arbeiten – ein wenig auch aus Trotz.

Es herrschte Männerknappheit, und ich war schon 24.

Unsere Ehe war nicht gut. Ich habe heute deshalb eher ein schlechtes Gewissen, weil ich nicht besonders liebevoll war. Wahrscheinlich war ich eine große Enttäuschung für den Pacz, und er hat sich auch entsprechend schlecht benommen. Er war ein interessanter, kluger Mensch, als wir uns kennenlernten. Wir wollten damals beide unbedingt ins Ausland und haben beide jemanden gesucht, der diesen Weg mitgeht. Solange wir im Ausland waren, ging es einigermaßen, weil wir aufeinander angewiesen waren. Dann ging er nach Deutschland zurück und machte Karriere beim Fernsehen. Er war ein geachteter und angesehener Journalist, und ich war eine Frau mit zwei Kindern. Ich hatte überhaupt keinen Status irgendwelcher Art. Ich habe zwar noch ein bisschen geschrieben, aber höchstens noch etwas über Erziehung oder Blumentöpfe.

Zudem wollte mein Mann die Kinder nicht. Ich hatte zunächst gedacht, wenn er die süßen Kleinen sieht, dann wird er sie schon mögen. Die Pille gab es noch nicht. Ich habe fünfmal abgetrieben, da-

*Ich war Feministin
und Aktivistin.
Das hat eine große Rolle
in meinem Leben gespielt.*

nach wollte ich nicht mehr. Mein Körper insistierte, dass ich jetzt mal ein Kind haben sollte. Ich spürte, da sitzt jemand in mir drin und der will mein Kind sein und den will ich auch. Das war ein Entschluss, der mich mit großer Freude erfüllte. Ich habe gar nicht gemerkt, dass da jemand neben mir finster geguckt hat. Das kann ich allerdings erst heute so sehen. Damals habe ich nur bemerkt, was für ein lausiger Vater und Ehemann er war. Er war sehr unzufrieden mit mir und hat mir ununterbrochen erzählt, wie dumm und unfähig ich wäre und auch keine richtige Journalistin mehr. Besonders arm dran waren natürlich unsere Kinder. Eines Tages habe ich deshalb beschlossen, ihn zu verlassen. Ich fing damit an, alle möglichen Arbeiten seltsamer Art zu übernehmen. Ich schrieb für Kalender, Werbeprospekte und dergleichen, da ich ja damit rechnen musste, dass ich die Kinder und mich selber zu ernähren hätte.

Jetzt kam die Zeit, in der ich als Journalistin sehr erfolgreich wurde. Ich habe vieles ausprobiert und meine Talente erst richtig entwickelt. Außerdem habe ich noch einmal angefangen zu studieren. Jetzt war ich frei, konnte machen, was ich wollte. Ich habe es sehr genossen, dass ich diesen bösen, besserwisserischen Bitterbalg los war, der mir in mein gesamtes Leben reinredete. Ich hatte mehrere Liebschaften, die mein Selbstgefühl wieder ein bisschen aufpäppelten. Nur die Kinder machten mir Sorgen. Beide waren unglücklich über die Trennung, vor allem meine Tochter hat sie mir übel genommen. Sie ging dann zu ihrem Vater. Dass sie mich verlassen hat, hat mich doch sehr getroffen.

Was hätte ich aus heutiger Sicht anders in meinem Leben machen sollen? Den Pacz zu heiraten, das war ein ganz großer Fehler und meine Schuld. Ich hätte es erkennen können und höhere Ansprüche stellen sollen. Ich hätte mir selber etwas Besseres wünschen sollen. Aber es herrschte Männerknappheit, und ich war schon 24. Ein Mann wollte mich heiraten, da dachte ich eben, greif zu.

In meinen jungen Jahren, während der Nazizeit, hat mich besonders die andauernde Kette von Zurücksetzungen, Beleidigungen und Ausgrenzungen beeinflusst. Nach dem Krieg habe ich noch lange alles durch eine Mischlingsbrille gesehen. Ich habe mich nur mit Leuten angefreundet, die auch jüdische Vorfahren hatten. Wenn ich gefragt wurde »Was sind Sie?«, habe ich geantwortet »Mischling.« »Also Deutsche?« – »Nein.« – »Was anderes?« »Nein, ich bin ein Mischling.« Schwer war es, nirgends dazuzugehören. Meine damalige Vorstellung, dass die Juden mich, sobald sie sozusagen gerettet wären, in die Arme schließen würden – Pustekuchen! Ich hatte einen jüdischen »Boyfriend« in Nürnberg, der nach Palästina gehen wollte. Ich dachte, ich könnte vielleicht mitgehen. Als aber seine Familie herausfand, dass er eine Schickse mitnehmen wollte, gab es ein großes Theater. Ich habe dann eingesehen, dass das nicht geht. Diese andere Heimat, von der ich da geträumt hatte, dieses herrliche Königreich, von dem keiner, nur ich wusste, dass es auch mir gehörte, das erwies sich als ein Irrtum. Irgendwann in den Fünfzigerjahren habe ich mir gesagt: Die Nachkriegszeit ist vorbei. Jetzt soll es normal sein.

Ich war Feministin und Aktivistin. Das hat eine große Rolle in meinem Leben gespielt, ganz besonders der §-218-Konflikt. Ich war der Meinung, dass die besten Argumente noch nicht gesagt worden waren, und wollte meinen SPD-Parteifreund Freimut Duve dazu bewegen, bei Rowohlt ein Buch über den § 218 zu machen. Am besten sollte er mich das machen lassen. Zu diesem Zweck verabredete ich mich mit ihm und sagte dann im Laufe dieses Abends: »Du machst zwar deutsche Gegenwartspolitik, aber die Frauenfrage klammerst du aus.« Und Freimut antwortete: »Willst du das nicht für mich übernehmen?« Da war ich platt! Es gibt eben nicht nur Entscheidungen, die man selber trifft, sondern es gibt auch Angebote, die man annehmen muss! So wurde die Bücherreihe »Frauen aktuell« bei Rowohlt eingerichtet. Dieser Augenblick, als Freimut mir das anbot, war elektrisierend. Ich sehe es als großes Glück für mich, dass ich das dann sechs Jahre lang mit großer Begeisterung machen konnte und auch erfolgreich damit war. Von den zirka 40 Büchern, die ich herausbrachte, habe ich einige selber geschrieben. Ich traf dabei viele junge Frauen, die schlau waren und gut schreiben konnten. Diese Art von Hebammen-Tätigkeit war sehr befriedigend. Zu fast allen feministischen Themen habe ich das erste Buch herausgegeben: »Belästigung am Arbeitsplatz« oder »Sexueller Missbrauch an Kindern« oder »Türkische Männer und deutsche Frauen«.

Ich hatte immer ein reiches politisches Leben. Schon 1959 war ich in die SPD eingetreten und hatte eine politische Karriere angestrebt. Ich wäre gern Bundestagsabgeordnete geworden, deshalb wurde ich erst einmal Bezirksabgeordnete. Doch erwies sich diese Arbeit als furchtbar langweilig und unbefriedigend, und ich entschied mich dagegen. Trotzdem blieb ich immer politisch aktiv. Ich habe die Hamburger Frauenbewegung mitgegründet und mich besonders auf den Kampf gegen den § 218 konzentriert. Abtreibung wurde zum ersten Mal zum politischen Thema und ging mich direkt an. Ich wusste aus eigener Erfahrung, wie schrecklich sie ist. Auch die Abtreibungsdiskussion und die Art, wie dabei über Frauen gesprochen wurde, forderte zum Handeln auf. Dabei ging es nicht nur um die Personen, die ungewollt schwanger waren, sondern darum, dass Frauen als Gebärgefäße angesehen wurden oder als Leute, die der Nation etwas liefern müssen. Es wurde klar, dass das ein Punkt war, an dem sich das Prestige der Frauen entscheiden würde. Wenn wir nicht hart blieben und weiterkämpften, würden wir auch bei anderen Sachen nicht auf einen grünen Zweig kommen. Hier in Hamburg gab es ein kleines Netzwerk von Frauen bei der SPD. Dann kam der *Stern* mit seiner Abtreibungskampagne dazu. In dieser Zeit lernte ich meine Freundin Renate kennen, mit der ich die nächsten 30 Jahre zusammengelebt habe. Sie ist genau 20 Jahre jünger, auch Soziologin,

aber ganz anders als ich. Jeder, der sie kennt, findet sie wunderbar.
Gemeinsam haben wir viel auf die Beine gestellt. Am Rande von pro
familia gründeten wir eine Abtreibungsklinik, das Familienplanungszentrum. Wir haben es sogar geschafft, dass es staatliche Gelder bekam, anerkannt wurde und zu einer angesehenen Einrichtung wurde.
Renate wurde Geschäftsführerin, und ich habe die Öffentlichkeitsar-
beit gemacht. Das hat mich sehr beschäftigt und befriedigt.

1971 begann der Kampf um den § 218 und hat ungefähr zehn
Jahre gedauert. Drei Bücher habe ich darüber geschrieben und
eine Untersuchung gemacht. Dann habe ich noch einmal studiert
und meinen Doktor gemacht.

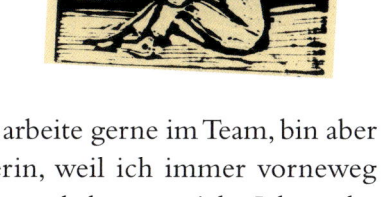

So überlasse ich mich dem,
was kommt, vertrauensvoll
und gelassen.

Ich hatte also immer viel zu tun. Ich arbeite gerne im Team, bin aber
vielleicht doch mehr Einzelkämpferin, weil ich immer vorneweg
renne. Bevor sich die anderen entschlossen haben, sage ich:»Ich mache
das dann schon mal!«

Wichtige Orte in meinem Leben? Wie sehr Hamburg mein
Zuhause ist, habe ich eigentlich jetzt erst gemerkt. Ich bin vor zwei
Jahren aus Kalifornien zurückgekommen. Dort war es wunderbar,
wird immer eine zweite Heimat für mich sein. Nicht ganz Kaliforni-
en schlechthin, sondern Berkeley, diese Bucht, an der wir wohnten.
Trotzdem war Kalifornien ein fremdes Land mit fremden Menschen,
trotz der zwölf Jahre, die ich dort gelebt habe. Das spürte ich besonders, als ich begann, alt zu werden. Ich stürzte öfter und konnte
plötzlich meinem Körper nicht mehr trauen. Mir stand vor Augen,
dass ich jetzt irgendwie abbröckele, dass ich nicht mehr alles kann,

Renate, Holzschnitt von Susanne von Paczensky, Berkeley, 2000

was ich will. Wenn es einem schlecht geht, möchte man zu Hause sein, und dort war nicht mein Zuhause. So etwas wie Heimat und Heimweh, Begriffe, die ich immer abgelehnt hatte, schlichen sich bei mir mit dem Altwerden ein. Die Vorstellung, in Amerika zu sterben und womöglich auf einem von den dortigen Friedhöfen zu landen, war mir ein Gräuel. Plötzlich wurde der Wunsch, nach Hamburg zurückzukehren, ganz lebendig. Der Auslöser, mit Renate in die USA zu gehen, war die Wiedervereinigung gewesen. Sie erfüllte mich mit großem Misstrauen. Ich hörte plötzlich die nationalen Töne von Großdeutschland und dachte, wir würden nun in die DDR marschieren und die Ostdeutschen völlig unterbuttern und enteignen. An alledem wollte ich überhaupt nicht beteiligt sein. Dieser nationale Enthusiasmus hat in mir solchen Widerspruch erweckt, dass ich ihn nicht aushalten konnte. Eines Tages wurde die Reichskriegsflagge auf dem Rathausmarkt gehisst, und an diesem Tag dachte ich, hier gehe ich weg! Renate konnte ich glücklicherweise dafür begeistern mitzukommen. Es war im Rückblick ein schönes Abenteuer. Renate war in der zweiten Lebenshälfte meine Partnerin und ist in Amerika geblieben, weil sie geheiratet hat. Wir hatten eine enge Gemeinschaft, haben uns fast nie gestritten, uns nie miteinander gelangweilt. Sie fehlt mir. Wir telefonieren jeden zweiten Tag miteinander, wir besuchen uns, sooft es geht. Sie hat gewählt, in Amerika zu bleiben. Für 30 Jahre war es geborgen und schön mit ihr. Ich habe nicht das Gefühl, als ob unsere Beziehung aufgehört hätte.

Mit der eigenen Leistung im Leben ist das so eine Sache. Zu der Zeit, in der man etwas tut, ist das das Vorrangige. Natürlich war ich sehr stolz darauf, dass ich meine Doktorarbeit mit »summa cum laude« abgeschlossen habe. Das fiel mir nicht leicht, weil Theorie mir eigentlich nicht liegt. Das Thema lautete »Lesbierinnen in der Gesellschaft«. Heute, 20 Jahre später, denke ich, wozu ist das nun gut? Ich habe viel Kraft darauf verwendet und hätte es ebenso gut auch bleiben lassen können. Die Zeit verändert die Schwerpunkte. Auch das Familienplanungszentrum hatte für mich immer eine besondere Priorität, aber gerade jetzt scheint es zugrunde zu gehen. Ich will nicht sagen, dass es umsonst gewesen ist. Aber es hat sich selbst entbehrlich gemacht. Wir haben den Ärzten in Hamburg beigebracht, wie man Abtreibungen macht. Jetzt wird das nicht mehr gebraucht.

Als ich 40 wurde, hatte ich große Angst, dass jetzt das Alter kommt. Das war natürlich ganz kindisch. Im Gegenteil, auf gewisse Weise hat mein Leben erst mit 40 oder 50 angefangen. Freudenreich ist eigentlich erst die zweite Lebenshälfte gewesen. Wenn man vorausschaut, denkt man: 70, das ist ja schrecklich. Als ich dann aber 70 war, war es überhaupt nicht schrecklich. Dann habe ich gedacht: 80, da ist alles vorbei, selbst die Wissenschaftler sprechen von hochbetagt, und man kommt ins Altersheim. Jetzt bin ich 80, und das Altersheim ist weit und breit nicht zu sehen. Ich fühle mich sehr wohl in meiner Haut. Ich mag gerne ich sein. Das Älterwerden bewirkt im Laufe des Lebens, dass man viel zuversichtlicher in Bezug auf sich selber ist. Früher habe ich oft gedacht, ich mache etwas falsch, oder, das wird man mir übelnehmen. Diese Furcht ist nicht völlig verschwunden, aber ich kann sie besser abperlen lassen. Ich habe oft erfahren, dass ich in der Not Trost aus mir selbst bekomme. Ich weiß, ich kann mich auf mich selbst verlassen, ich werde schon irgendwie durchkommen.

Ich weiß, dass ich sterben muss. Theoretisch ist das mir völlig vertraut, denn ich habe mehrere Gleichaltrige sterben sehen. In Amerika ist im letzten Jahr eine Freundin ungefähr ein Jahr lang an Krebs gestorben, und ich habe ihr in dieser Zeit beigestanden. Ihr Sterben habe ich immer auch auf mich bezogen und mich gefragt, wie wird es mir ergehen. Ich würde sehr gerne wenig leiden und denke mir, ich werde schon jemanden finden, der mir Schmerzmittel gibt. Manchmal habe ich mir schon gedacht, jetzt könnte das Sterben mal kommen, doch ich bin immer noch viel zu gesund dafür. Man kann ja nicht einfach denken, jetzt möchte ich sterben. So überlasse ich mich dem, was kommt, vertrauensvoll und gelassen. Meine Freunde sollen an mich denken. Ich möchte, dass die Erinnerung an mich hochgehalten wird. Darum sollen sie meine Gegenstände erben, bei sich an die Wand hängen und zu ihren Enkelkindern sagen: »Guck doch mal, dieses wunderschöne blaue Bild da, das hat Susanne aus Senegal mitgebracht.«

Christa Proksch

Jahrgang 1925 – 2010

Taijiquan-Meisterin

Urvertrauen ist für mich eine ganz wesentliche Lebensgrundlage!

Voller Dankbarkeit kann ich sagen, dass Wohlfühlen jetzt mein wichtigstes Lebensgefühl ist. Das ist ein Geschenk. Ich fühle mich wohl in meinem Körper und auch in meinem Geist und bin noch sehr agil. Ich habe viele Menschen um mich herum, mit denen ich kommunizieren kann. Früher hatte ich immer das Gefühl, einfach alles bewältigen zu können. Ich hatte ein ungeheures Selbstvertrauen in meine Kraft und Energie und musste eher darauf achten, dass ich damit nicht meiner Umwelt auf die Nerven ging. Speziell von meinen Töchtern kam öfter die Frage: »Bist du denn nie müde, Mutter?« Mein Sohn dagegen fand es eher sehr schön, dass seine Mutter jederzeit aktiv und frisch war.

Dieses Selbstverständnis hat sich natürlich insofern verändert, als ich mich heute nicht mehr in der Lage fühle, alles bewältigen zu können. Ich brauche jetzt genügend Schlaf, was ich früher nicht brauchte. Weil meine Ohren sehr schlecht geworden sind, kann ich mich nicht mehr aktiv in jedes Gespräch einfädeln, und das gibt mir ein kleines Gefühl von Isoliertheit. Mein Selbstverständnis, wenn ich es also kurz zusammenfassen soll, ist nicht mehr so unbestritten kraft-voll, wie es einmal war, ich spüre doch langsam auch ein Nachlassen meiner Vitalität. Aber das empfinde ich als normal.

Ich bin 1925 geboren und bürgerlich-liebevoll behütet in die deutsche NS-Katastrophe hineingewachsen. Lebensprägend wichtig war meine tiefe Beziehung zu meinem Vater, der aus einem schles-wig-holsteinischen, sehr christlichen, sehr verantwortungsbezogenen Pastorenhaus stammte. »Liebe deinen Nächsten wie dich selbst«, war das beherrschende Motto. Bei ihm hatte ich immer das Gefühl, dass er mich so akzeptierte, wie ich war. Als ich einmal Sorge hatte, ob er mein Verhalten gutheißen würde, hat er nur geantwortet: »Ich habe Vertrauen zu dir, mein Deern.« Das ist der Satz, der über meinem Leben mit meinem Vater steht. Es war eine tiefe Vertrauensbeziehung, und ich behaupte, dass diese Vertrauensbeziehung meinem Leben die Basis gegeben hat. Das Urvertrauen ist für mich eine ganz wesentli-che Lebensgrundlage.

Bei der Machtergreifung Hitlers war ich acht Jahre alt, und mei-ne Jugendzeit war beeinflusst vom Nationalsozialismus und meinem Engagement in der Hitlerjugend. Das Aufwallen von deutschem Na-tionalgefühl, das »Deutschland, Deutschland über alles« ging mir sehr nahe. Damals war mein Leitspruch: »Und handeln sollst du so, als hinge von dir und deinem Tun allein das Schicksal der deutschen Dinge ab.« Ich war immer stark geprägt von Verantwortungsgefühl, und das hat das Dritte Reich am Anfang noch verstärkt. Die Olym-piade in Berlin habe ich noch als Zeichen von Deutschlands Kraft und Stärke miterlebt. Doch der Ausbruch des Krieges hat Angst und Schrecken hervorgerufen. Ich komme aus einer riesigen protestanti-schen Pastorenfamilie mit zahlreichen Vettern und Kusinen. Als dann von diesen geliebten Vettern viele umkamen, hinterließ auch bei mir das Schreckgespenst Krieg seine Spuren. Und nach Stalingrad verschwand die Siegesgewissheit rapide. Während des Krieges war ich im Arbeitsdienst, zu dem ich mich natürlich freiwillig gemeldet hatte, im so genannten Wartegau in Polen. Im Januar 1944 wurden wir plötzlich und unvorbereitet mit Lastwagen vor den Russen evakuiert. Nie werde ich den entsetzlichen Eindruck vom Bahnhof in Posen vergessen. Er war überfüllt von Menschen, die weder raus- noch reinkonnten. Alles war unorganisiert, weil die Parteibonzen sich schon abgesetzt hatten. Wir sind dann trotzdem irgendwann in Deutschland angekommen. Danach war ich im so genannten Kriegs- hilfsdienst und musste in einer Fabrik in Oberschlesien Granaten am Fließband drehen. Wenn wir als Arbeitsmaiden singend durch die Stadt zogen, fiel mir auf, dass wir auf sehr böse Blicke der Bevölke- rung stießen.

Etwa Ende 1944 tauchten in unserem Kriegshilfsdienstlager Leute auf, die uns aufforderten, einem »Freicorps Adolf Hitler« unter dem Motto »Es gibt nur Sieg und keine Niederlage« und »Wir wol- len bis zum letzten Blutstropfen kämpfen« beizutreten. Ich musste meinen Eid mit dem eigenen Blut unterschreiben, was einem heute grotesk vorkommt. Wir wurden nach Döberitz bei Berlin in ein Sol- datenlager geschickt und an Maschinengewehren und Panzerfäusten ausgebildet, abends bekamen wir schreckliche Vorträge von SA-Bon- zen serviert. Da ist das erste Mal bei mir eine intensive Abneigung ge- gen das Hitlertum entstanden. Nach einer schlaflosen Nacht befreite mich und noch zwei Freundinnen eine mir vertraute Führerin von diesem Eid. Ich hätte niemals allein meinen Eid gebrochen, typisch für diese Zeit. Es wurden Fahrräder requiriert, und wir fuhren ohne Landkarte, ohne alles Richtung Hamburg. Ich wollte dort meinem Onkel, der Chirurg war, helfen. Das erschien mir sinnvoller. Diese Fahrt war sehr gefährlich, denn wir standen ständig unter englischen Tieffliegerangriffen, und die Straßen waren überfüllt mit Flücht- lingszügen. Unterwegs begegneten uns Trupps russischer Gefange- ner, einige von ihnen waren an Bäumen aufgehängt. Dieser Anblick verursachte in mir das tiefe Schuldgefühl, das mich später veranlasste, Slawistik zu studieren. Nach langer Reise kamen wir schließlich in Hamburg an, genau an dem Tag, an dem Hamburg zur offenen Stadt erklärt werden sollte und die Engländer die Stadt einnahmen. Ich hörte gerade noch die Rede des Hamburger Gauleiters Karl Kauf- mann. Ich kriege noch heute eine Gänsehaut, wenn ich daran denke.

Von Hamburg aus, wo ich helfend einige Monate gewohnt hatte, bin ich mit dem Fahrrad alleine nach Wernigerode gefahren, wo meine Eltern inzwischen lebten. Sie hatten seit Monaten nichts mehr von mir gehört und waren überglücklich, mich zu sehen.

Mein Vater war im Krieg in einer Rüstungsfirma tätig gewesen und wurde von den Engländern interniert, wodurch er vor Schlimmerem durch die nachfolgenden Russen bewahrt blieb. Wir drei Frauen und mein kleiner Bruder saßen nun ohne jeden Verdienst da, und ich fühlte mich dafür verantwortlich, das Geld für alle zu verdienen. Ich konnte in einem Restaurant für Massenverpflegung als Serviererin arbeiten und habe von morgens sechs bis abends zehn Uhr Essen ausgetragen und Biere verteilt. Doch ich bekam aus Überanstrengung Typhus und musste monatelang im Krankenhaus liegen. Inzwischen verdiente meine Schwester genug für die Familie, und ich konnte nach Leipzig auf eine Dolmetscherschule gehen und meinen Dolmetscherabschluss in Russisch machen.

Liebe und Erotik haben in meinem Leben
immer eine große Rolle gespielt.

Wenn ich mein Leben aus heutiger Sicht betrachte, wurde es in entscheidender Weise beeinflusst, als mir mein Vater zur Konfirmation im Jahre 1939, dem Jahr des Kriegsbeginns, ein schmales Büchlein mit den 81 Sprüchen des Laotse schenkte. Die darin enthaltene Sicht auf das Leben wurde für mich zu einer Art Bibel. Seitdem begleitete mich der Wunsch, diese Sprüche in der Ursprache lesen zu können – also Chinesisch zu lernen. An die Erfüllung dieses Wunsches konnte ich aber erst denken, als meine drei Kinder erwachsen genug waren, um mich entbehren zu können. Mit 48 Jahren verließ ich meinen Mann und meine Familie und zog mit einem 30 Jahre jüngeren Freund nach Taiwan, um dort Chinesisch zu lernen. Dort lernte ich auch – was ich vorher nicht ahnen konnte, weil es damals in Deutschland beinahe unbekannt war – die uralte chinesische Bewegungskunst des Taijiquan kennen. Zwei Jahre lang – jeden Morgen von sechs bis acht Uhr – übte ich mit einem chinesischen Meister und seiner Gruppe in Taipeh die Abfolge dieser mir ursprünglich völlig unzugänglichen, fremden Bewegungen, bis sie mir so geläufig waren, dass ich mir zutrauen konnte, sie später an andere weiterzugeben.

Nach zwei Jahren in Taiwan rief mich eine schwere Erkrankung meines Mannes nach Deutschland zurück, wo ich anfangen konnte, in Hamburg Sinologie zu studieren und gleichzeitig das neu erlernte Taijiquan an meine interessierten Kommilitonen weiterzugeben. In einem Alter, in dem die meisten Frauen skeptisch auf ihre vielen Falten gucken, habe ich ein neues Lebenselixier entdeckt und bin – auch mit vielen Falten – dem Schicksal unendlich dankbar dafür.

Wichtige Lebensstationen waren für mich zunächst Sachsen, wo ich als Kleinkind aufwuchs und Hitlers Machtergreifung mit den ersten Gefühlen von Angst wegen der ganzen SA-Meute erlebte. Während der Haupt-Hitlerzeit und zu Beginn des Krieges lebten wir in Berlin, also im Zentrum der Macht. Dann sind meine Eltern wieder nach Leipzig gezogen, wo ich Abitur machte. Hamburg war die Familienstätte meines Vaters, eigentlich war ganz Schleswig-Holstein Heimat des Pastorenhauses, aber die meisten meiner Verwandten waren in Hamburg gelandet. Direkt nach dem Krieg ging ich erneut nach Leipzig, um Russisch zu lernen. Danach habe ich in Erlangen studiert und in Slawistik, Philosophie und Germanistik meinen Doktor gemacht. Erlangen war eine wichtige Lebensstation, weil ich dort meinen zukünftigen Mann kennengelernt habe. Es war Liebe auf den ersten Blick und wir haben ganz schnell geheiratet. Mein Studium habe ich schon mit dem ersten Kind zu Ende gebracht und dann zwei weitere Kinder bekommen. Als Familie mit drei Kindern lebten wir durch den Berufswechsel meines Mannes später in Essen. Er war bei Krupp und wurde dann nach Bremen versetzt. Von Bremen aus habe ich dann wieder in Hamburg Sinologie studiert.

Ich habe versucht, das Konzept meiner eigenen lebendigen Herkunftsgroßfamilie weiterzuleben. Mein Mann war ganz anderer Natur. Er war zwar so genannter Sudetendeutscher, liebte diese Be-

Der Tod
als solcher
ängstigt
mich nicht.

zeichnung aber nicht sehr. Er hatte eher zu den Tschechen einen guten Draht. Er war stolz darauf, dass er noch unter k. u. k. Herrschaft geboren war, und hat als österreichischer Feingeist viel gedichtet. Ich war ihm immer etwas zu preußisch. Er hatte Charme, der sich auch auf viele Frauen auswirkte. Unsere Liebe war am Anfang unendlich, trotz aller Gegensätze. Ich kam aus diesem protestantisch-norddeutschen Elternhaus, und mein Mann entstammte dem k. u. k. Österreich, dichtete und fabulierte – und hat alle an sich gezogen. Er stieg auf der Karriereleiter im Wirtschaftswunder-Deutschland ziemlich bald nach oben, so dass wir nach einem Anfang mit praktisch keinem Geld allmählich zu den Wohlhabenderen gehörten.

Nach zehn Jahren solidarischer Ehe haben wir beschlossen, eine offene Ehe zu führen. Mein Mann konnte seine jungen Mädchen haben, und ich hatte immer irgendeine große Liebe, meistens Künstler. Ich glaube, dass diese Ehrlichkeit für meine Kinder sehr wichtig war. Wir haben ihnen vorgelebt, dass nicht alles immer nur eng auf einen Partner bezogen sein muss. Ich habe noch heute ein sehr enges Verhältnis zu allen drei Kindern. Die Nähe zu den Kindern füllt in meinem Herzen den ersten Platz völlig aus.

Liebe und Erotik haben in meinem Leben immer eine große Rolle gespielt. Es waren immer jüngere Männer, die von mir fasziniert und von denen ich fasziniert war. Wenn sie dann aber auf ihre große Liebe trafen und sie diese heiraten wollten, war ich abgeschoben und natürlich immer traurig. Aber ich habe viele, viele Jahre in sehr engen Liebesbeziehungen mit jungen Männern gelebt. Meine Kinder wussten das und haben vielleicht ein bisschen gelächelt, aber sie wussten auch, ihre Mutter ist versorgt, und das war ja auch ganz gut. Nachdem vor etwa fünf Jahren die letzte sehr enge Bindung beendet war, hat es sich ergeben, dass Liebe und Erotik in meinem Leben keine Rolle mehr spielen, und das, ohne große Schmerzen zu hinterlassen.

Wenn ich darüber nachdenke, woraus ich Kraft schöpfe, nenne ich als Erstes die Philosophie. Ich bin über Laotse sehr stark mit dem Taoismus verbunden und habe mich in Krisen ganz intensiv mit ihm auseinandergesetzt. Das hat mir sehr geholfen. Auf der Basis des Christentums habe ich mich dem chinesischen Taoismus – wie soll ich sagen – ergeben, und da finde ich für meine philosophischen Bedürfnisse die richtigen Antworten.

Das Taijiquan hält mich lebendig. Ich unterrichte heute an zwei Tagen in der Woche sieben Unterrichtseinheiten von je eineinhalb Stunden und organisiere Workshops im In- und Ausland. Dabei stelle ich die Flüge und alles Mögliche mit meinem Computer wie ein Tourismus-Unternehmen zusammen. Mein Leben ist also noch sehr ausgefüllt. Ich frage mich manchmal, warum es so ungerecht verteilt ist, dass die einen unerschöpfliche Kraft haben und die anderen in meinem Alter schon anfangen, sehr abzubauen. Aber es ist halt, wie es ist, und ich kann nur dankbar dafür sein.

Mein einziges Altersgebrechen sind schlechte Ohren. Da ich stark aus der Kommunikation lebe, ist das sehr beeinträchtigend. Ich ertappe mich dabei, dass ich oft selber rede, weil ich dabei nicht zuhören muss, und stelle dann selbstkritisch fest: Holla, holla, alle Leute hören dir so begeistert zu, und du redest natürlich auch deswegen so gerne, weil du dann nicht die Anstrengung hast, zuhören zu müssen.

Die Zeit, die mir bleibt, ist begrenzt. Das eigene Lebensende erhoffe ich mir, wie wahrscheinlich fast alle, möglichst schmerzlos und ohne Qualen und dass ich einigermaßen beschwerdefrei in meinen Tod hineingehen kann. Der Tod als solcher ängstigt mich nicht.

Christine Razum

Jahrgang 1923

Dramaturgin

Finde heraus, was du nicht kannst und dann geh und tu es!

Mir ist jeder Tag wichtig, ich bin unendlich neugierig und denke nicht an die Zukunft. Das liegt auch daran, dass meine Altersgenossen zum größten Teil nicht mehr leben und ich viele junge Freunde habe. Da ich immer noch als Dramaturgin tätig bin, interessiert mich, was die Jungen entdecken und was sie gut finden. Mich interessiert, was das Theater bewirken kann.

Ich habe den besten Zustand meines Lebens erreicht. Ich kann alles sagen, was ich denke, niemand kann es mir verbieten. Die technische Welt meide ich wegen meines Herzschrittmachers. Ich habe keinen Computer, weil ich gern in Bibliotheken gehe und im alten Stil arbeite. Ich genieße es, ein Buch in Händen zu halten.

Mein Selbstverständnis hat sich im Laufe meines Lebens sehr verändert. Ich bin die jüngste und dritte Tochter, war schüchtern und am liebsten in der Nähe meiner Mutter. Da habe ich erzählt und gesungen, doch wenn Besuch kam, habe ich mich hinter ihr versteckt.

Mit 26 habe ich geheiratet. Mein Mann war 17 Jahre älter, und ich hatte von ihm das Gefühl, der weiß und kann alles, ich kann von ihm viel lernen. Er sprach druckreif, während ich immer nach Wor-

ten suchte. Das hat sich bald geändert, als Dramaturgin habe ich viele Theatergespräche geführt. Als er in den Ruhestand ging, war ich in Hannover als Dramaturgin engagiert und hatte angefangen, Literaturseminare anzubieten, die ich jetzt seit 30 Jahren leite.

Wir haben keine Kinder, aber ich habe »geerbte« Enkelkinder. Die sind ganz toll, mit ihnen bin ich befreundet. Sie und andere junge Leute sagen: »Erzähl aus deinem Leben.« Dann denke ich an unsere wunderbare Deutschlehrerin, die sagte: »Das sind so schwierige Zeiten, und Sie sind jetzt 15. Sie müssen jeden Abend überlegen: Habe ich heute etwas getan, was vielleicht nicht recht ist? Sie wissen, wie ich das meine, politisch.« Das habe ich fürs Leben behalten. Sie war eine Brieffreundin von Hesse und kam in der Obersekunda als Deutschlehrerin zu uns. Manchmal las sie uns seine Briefe vor, und wir merkten, dass die hochpolitisch waren. Einmal zeigte sie mit dem Daumen hinter sich und sagte: »Können Sie den da« – das Hitlerbild – »abnehmen?« Sie griff in ihre Aktentasche und holte eine

LINKS: Christine und Hannes Razum, 1950
RECHTS: Christine Razum mit 39 Jahren, 1953

Landschaft von Vincent van Gogh heraus. »Ich möchte gerne, dass Sie während meines Unterrichts darauf schauen. Wenn ich rausgehe, tauschen Sie bitte die Bilder wieder um. Das bleibt unter uns.« Als Klassenlehrerin führte sie uns 1942 zum Abitur. Und es ist unter uns geblieben.

Der Tod meines Vaters 1936, da war ich zwölf, war ein großer Einschnitt in meinem Leben. Wir hatten vorher eine große Wohnung mit Garten und mussten nun in eine kleinere umziehen. Als der Krieg ausbrach, lebten wir in Breslau. Bei meiner Konfirmation am 15. März 1939 geschah etwas Lebensprägendes. Ich hatte vorher Bedenken und dachte, ich könnte mich nicht konfirmieren lassen, weil ich nicht an die Dreifaltigkeit glaubte. Der Pastor schickte mich zu meiner Mutter. »Mutti, ich muss noch warten, ich kann mich nicht konfirmieren lassen.« – »Kommt gar nicht in Frage, die Verwandten aus Krotoschin (Warthegau) haben zugesagt, die Konfirmation findet statt.« Als ich dann bei der Einsegnung am Altar niederkniete, hat mich der Blitz getroffen, der mich bis heute erhellt. Mein Spruch aus dem 139. Psalm hieß: »Erforsche mich Gott und erfahre mein Herz; und prüfe mich und erfahre, wie ich es meine.« Das vergesse ich nie.

Es ist ein Wunder, dass wir uns alle wiedergefunden haben.

Nach dem Abitur wurde ich gleich zum Arbeitsdienst eingezogen nach Crocina in Oberschlesien. Nach sechs Monaten sollten wir in eine Rüstungsfabrik nach Berlin, zum »Kriegshilfsdienst«. Was für ein Wort! Ich wollte doch nicht dem Krieg helfen! In Berlin wurden wir abgezählt: 100 »Stück« für Askania. Nach einem Bombenangriff war die ganze Fabrik in Mariendorf zerstört. April 1943 sollten wir entlassen werden. Aber die Wehrmacht warb für Flak-, Marine- und Heereshelferinnen. Die meisten Mädels meinten: »Oh, haben wir da auch Uniformen?« Ich wollte nur nach Hause und unbedingt anfangen zu studieren. Als ich erfuhr, dass sich niemand zu bewerben bräuchte, der keinen Vertrag mit einer Apotheke hatte, schickte mir meine Mutter tatsächlich rechtzeitig den Vertrag von einem ihr bekannten Apotheker. So wurde ich entlassen. Ich wollte Medizin studieren, doch auf dem Weg zur Uni dachte ich: Eigentlich will ich Deutsch und Literatur studieren. Und als ich wiederkam, hatte ich mich für Germanistik eingeschrieben.

Zwei Semester durfte ich studieren, dann hieß es: »Der Krieg geht wohl zu Ende. Sie werden gar nicht mehr fertig. Wir haben keinen Nutzen mehr von Ihrem Studium, wir setzen Sie als Straßenbahnschaffnerin ein.« Bei meiner letzten Dienstverpflichtung erhielt ich die Möglichkeit zur Flucht. Ich war in der Technischen Hochschule in Breslau bei einem Professor eingesetzt, der eines Tages sagte: »Wir gehen heute alle in den Keller. Fräulein Werner, heizen Sie da unten den Ofen an.« In der Versammlung waren seine Assistenten, alles Physiker, und er verkündete: »Wir werden verlegt und kommen nach Stettin zu Wernher von Braun.« Dann verteilte er Sektgläser: »Wir trinken auf das Wohl unseres Führers.« Ich ließ das volle Glas auf die Erde fallen. Als ich in mein Büro ging, kam ein Aufruf von Gauleiter Karl Hanke: Sie wollten die Brücke sprengen, man hörte schon die Geschütze der Russen. Frauen und Kinder sollten die Stadt verlassen. Einer der Assistenten kam an: »Fräulein Werner, übergeben Sie mir den Schlüssel vom Geheimschrank und verschwinden Sie.« Ich habe noch aufgeräumt, alle Papiere übergeben und bin gegangen. Über der Brücke warf ich meinen Wohnungsschlüssel auf eine Eisscholle in die Oder. Ich fühlte, dass ich nicht zurückkommen würde. Der Vater einer Freundin half uns, mit dem Zug aus Breslau herauszukommen. Auf einem offenen Perron stehend fuhren wir Richtung Dresden. Bei einem Tieffliegerangriff mussten wir raus, und ab da hatte ich nur noch ein Rucksäckchen, kein Gepäck, keine Papiere mehr. In Leipzig musste ich umsteigen. Meine Freundin fuhr nach Süden, ich nach Kassel, wo meine Mutter die zwei Kinder meiner verstorbenen Schwester übernommen hatte.

Plötzlich raste jemand an mir vorbei, mit dem ich in der Tanzstunde gewesen war, und rief: »Fräulein Werner, was machen Sie denn hier?« Er war Leiter eines Verwundetentransports und nahm mich

mit. Meine Mutter wusste das alles nicht, sie hätte wahrscheinlich gesagt: »Du bist fahnenflüchtig.« Ich war ja dienstverpflichtet, das galt wie Wehrmacht. Von Kassel aus habe ich mich zum Roten Kreuz gemeldet und landete in Dillingen als Hilfsschwester. Am 21. April kamen die Amerikaner. Das Lazarett wurde aufgelöst, und ich stand ohne Aufenthaltsgenehmigung auf der Straße. Der Bürgermeister, den ich um Hilfe bat, sagte nur: »Gehen Sie doch dahin, wo Sie hergekommen sind.« Was sollte ich machen? Ich habe nur noch geheult. Ich besaß nur die Schwesterntracht, keine Privatkleider mehr. Das Lazarett wurde von der UNRRA (United Nations Relief Rehabilitation Administration) übernommen und für Leute aus allen europäischen Ländern, KZ-Häftlinge und Fremdarbeiter eingerichtet. Dort bewarb ich mich und arbeitete acht Monate als Nachtschwester.

Durch das Münchner Rote Kreuz bekam ich das entscheidende Telegramm vom Theaterwissenschaftler Wolfgang Baumgart, vormals Breslau: »Wo sind Sie? Ich bin in Erlangen, habe Professur, hier fabelhaftes Theater, empfehle herzukommen.« Dem bin ich gefolgt. Die Theaterwissenschaft war kümmerlich, noch bei Gerhart Hauptmann und kannte die Modernen und Expressionisten überhaupt nicht. Deshalb gründeten wir im Sommer 1946 eine Studentenbühne. Vom

Verleger Kurt Desch aus München bekamen wir die »Antigone« von Jean Anouilh. Damit fingen wir an und machten zunächst alles selbst, auch die Regie. Als wir merkten, dass wir professionelle Hilfe brauchten, kamen wir auf Hannes Razum, meinen späteren Mann. Dieser meinte: »Ja, sprechen könnt ihr so einigermaßen, aber interpretieren noch nicht.« In meiner ersten Rolle musste ich ihm einen Satz 26 Mal wiederholen. So begannen die »Internationalen Theaterwochen der Studentenbühnen« in Erlangen. Ab 1949 hatten wir regen Austausch mit anderen. Als erste kam eine Gruppe aus Paris, von der Sorbonne, vom »Erzfeind«! Die waren so gut, und die Mädchen hatten trägerfreie Kleider! Da staunten wir. Später kamen viele deutsche Theaterleute, um uns spielende Studenten zu sehen. Wir waren Germanisten, Juristen, Mediziner und andere. Etliche haben als Seiteneinsteiger nachher das Theater zum Beruf gemacht. Meine Neugierde zielte parallel zum Theater auf Gegenwartsliteratur und auf die Literatur zwischen 1933 und 45. In Breslau stand Thomas Mann ja noch im Giftschrank, und man durfte ihn sich nur unter Auflagen ausleihen.

Wenn ich heute an die Entscheidungen denke, die mein Leben beeinflussten, sage ich kühn, es war alles unheimlich richtig. Ich weiß, dass ich das nicht mir allein zu verdanken habe. Es gab eine unsichtbare Führung und gute Ratgeber. Wenn mein Mann und ich Rücken an Rücken standen, hätte kein Blatt mehr dazwischen gepasst, sagen Freunde. Ich war seine engste Mitarbeiterin, seine Dramaturgin. Ich erreichte auch, dass wir Heinrich Manns Stück »Das Strumpfband« als Uraufführung herausbringen konnten. Solche Ur- und Erstaufführungen waren am Schlosstheater Celle unsere Sache. Jeder Tag war so voll, wie in Augustinus' Spruch: »Du bist tot an dem Tage, da du sprichst, es ist genug, darum tu immer mehr, gehe immer vorwärts, sei immer unterwegs, niemals gehe zurück und weiche nie vom Weg ab.« Mein anderer Lieblingsspruch stammt von John Donne, der 1630 gestorben ist: »To find out what you cannot do and then go and do it.« Ich habe eine Lieblingsmotette von Bach: »Der Geist hilft unsrer Schwachheit auf.« Es passt alles zusammen.

Mein Mann war die letzten Jahre sehr schlimm krank, und ich erst mal zu erschöpft, um zu arbeiten. Erst nach einem knappen Jahr habe ich neu angefangen. Ich denke, das war meine größte Leistung: mit 70 etwas Neues aufzubauen.

Welche Orte waren wichtig? Breslau natürlich und Erlangen, weil ich meinen Mann dort kennengelernt habe und ganz wichtig: die sechs Jahre in Bremen, wo mein Mann Schauspieldirektor war. Es war die erste Stadt, wo ich nicht als Flüchtling gesehen wurde. Dann 16 herausragende Jahre in Celle mit politisch engagiertem Spielplan! 1972, nach der Pensionierung, sind wir nach Hannover gezogen. Auf einen Brief von Ida Ehre arbeitete mein Mann gastweise in Hamburg und ich als Dramaturgin am Staatsschauspiel Hannover.

Wenn ich heute an die Entscheidungen denke, die mein Leben beeinflusst haben, sage ich ganz kühn, es war alles unheimlich richtig.

Als romantischer Mensch habe ich schon früh Gedichte gelesen und gelernt. Einen richtigen Freund hatte ich erst mit 20, aber ich habe mich gerne verehren lassen. Auch heute flirte ich gerne. Es gibt so Kurzbegegnungen, wo man beim Abschied sagt: »Wir haben uns einmal getroffen, wir werden uns nicht mehr verlieren.« Das nenne ich Eros, der schwindet wohl heute. Ich lese oft Debütromane für Buchbesprechungen, darin ist Eros vom Sex verdrängt. Schade.

Was hilft mir bei Kummer? Religion, ja. Ich habe früh beten gelernt. Ich hatte auch eine wunderbare Freundin, die vor drei Jahren starb und mir sehr fehlt. Nach den Kriegswirren haben wir immer aufgezählt: Wir sind nicht ins KZ gekommen, haben keine Fliegerbombe abgekriegt und sind nicht von den Russen vergewaltigt worden. Dankbar zu sein, das Gute sehen zu können – das ist es. Ich kann mir für mein Sterben kein Datum vorstellen, aber beim Theater heißt es: Man möchte in den Sielen sterben, in der Rolle umfallen. Das wünsche ich mir auch. Dann müssen die anderen den Krimskrams wegräumen. Das soll mir doch egal sein.

Lenka Reinerová

1916 – 2008

Autorin und
Erzählerin

Es ist wie eine Partnerschaft mit mir selbst!

Wenn man so alt wird wie ich, dann muss man sich mit dem Leben als Ganzem befassen und daran denken, dass es eines Tages aufhört – nicht daran zu denken, wäre einfältig. Wenn mich ein Leser anruft und mir etwas Gutes sagt, oder ich schlage eine Zeitung auf und lese etwas Freundliches über mich, dann sage ich mir selbst: »Und jetzt beklag dich auch noch!« Ich hätte nie erwartet, dass ich Bücher schreiben und publizieren könnte, die die Menschen kaufen und lesen würden. Prag als Großstadt hat eine gewissen Intimität, hier werde ich auf der Straße angesprochen, und freue mich meistens darüber. Dass ich immer noch etwas tun und bewirken kann, halte ich für ein großes Glück. Es ist tröstlich, bis zum Schluss aktiv bleiben zu können.

Ich lebe schon lange allein und habe das Glück, mich nie einsam zu fühlen. Einerseits habe ich Menschen um mich, durchwegs jüngere, und andererseits komme ich mit mir gut aus. Es ist wie eine Partnerschaft mit mir selbst. Das geht so weit, dass ich, wenn ich mich auf einer Gesellschaft oder irgendwo anders frage, warum sitzt du hier eigentlich, laut zu mir sage: »Reinerová, wir gehen jetzt nach Hause!« Dann gucken mich alle an, und ich stehe auf und gehe.

Ich war bei Ausbruch des Zweiten Weltkriegs gerade 20 Jahre alt, kurz danach kam meine Verhaftung in Paris. Ich war also knapp über 20 und dann sechs Monate in Einzelhaft – sechs Monate war ich weiß Gott wirklich allein, und das hat sich dann in den Fünfzigerjahren viel schlimmer wiederholt. Jedes Erlebnis dieser Art wirkt in irgendeiner Weise nach.

Ich hatte zwei Schwestern, eine ältere und eine jüngere. Wir waren eine normale bürgerliche Familie. Ich besuchte das gute humanistische deutschsprachige Gymnasium in Prag, das Stephansgymnasium, und lernte Latein und Griechisch. Durch die weltweite Wirtschaftskrise und schwierige Umstände in der Familie musste ich aus finanziellen Gründen aus der Quarta ausscheiden und eine Stelle antreten. Mit noch nicht 16 Jahren hatte ich meine erste Anstellung und habe das als unglaubliche Ungerechtigkeit empfunden. In meiner Klasse waren Kinder, denen es lästig war, in die Schule zu gehen, und die saßen da fröhlich weiter und konnten dann an die Uni gehen, und ich war ein so genanntes begabtes Kind und musste aufhören. Ich war in einer großen Firma angestellt, alle Kollegen waren viel älter als ich. Wenn ich endlich nach Hause gehen durfte, traf ich unterwegs schon junge Liebespaare. Mein Leben kam mir sehr öde vor, und ich revoltierte dagegen: Ich wurde Kommunistin.

Interessanterweise spielte Mitte der Dreißigerjahre die Tatsache, dass ich Jüdin bin, noch keine Rolle. Meine Eltern waren assimiliert. Die jüdischen Feiertage wurden bei uns dennoch mit gutem Essen gefeiert. Wir haben auch Weihnachten gefeiert, mit Weihnachtsbaum und allem, was dazugehört. Genauso auch Ostern. Das ging bis in die Mitte der Dreißigerjahre. Da war dann schon Hitler an der Macht. Die kleine Tschechoslowakei, Nachbarland von Deutschland, 1918 erst ins Leben gerufen, war in dieser Region die einzige demokratische Republik und infolgedessen Asylland für deutsche Emigranten, Juden und politisch engagierte Leute. Die Besetzung der Tschechoslowakei durch Nazi-Deutschland hat tief in unser Leben eingegriffen. Ich musste weg, nicht nur weil ich Jüdin bin, sondern vor allem, weil ich politisch engagiert war. Plötzlich war ich allein in der Welt, musste allein entscheiden. Zur Zeit der Besetzung Prags war ich in Rumänien. Ich bin am 4. März 1939 für zehn Tage mit einer journalistischen Arbeit dorthin gefahren. Am 14. März hätte ich zurückkommen sollen, und am 15. März wurden wir besetzt. In Rumänien wohnte ich bei Freunden, einem deutschen Emigranten mit einer tschechischen Frau. Er kam am 14. März nach Hause und sagte:»Sag mal, du sollst heute wegfahren? Heute hat sich die Slowakei von euch losgerissen, das war mit Hitler vereinbart. Willst du nicht vorher zu Hause anrufen?« Es war das letzte Mal, dass ich mit meiner Mutter und meiner jüngeren Schwester gesprochen habe. Diese sagte mir: »Ich glaube nicht, dass du zurückkommen solltest. Du hattest doch die Grippe. Hier hättest du keine Ruhe. Heute Abend waren deine Freunde da.« Das habe ich dechiffriert und bin nicht zurückgefahren. Im Nachhinein erfuhren wir, dass die Gestapo noch am Abend da war. Am nächsten Tag ist die Wehrmacht eingerückt. Ich war die Gefährdetste in der Familie und bin doch am Ende die Einzige, die überlebt hat. Im Leben spielt sich das manchmal so ab. Meine jüngere Schwester, die in der Untergrundbewegung war, saß ein halbes Jahr bei der Gestapo in Prag, kam dann nach Ravensbrück und von dort nach Auschwitz. Alle meine Verwandten, einschließlich meiner Großmama und meines achtjährigen Neffen, sind 1942 deportiert worden.

Ich war vorher von Prag aus mit einem amerikanischen Journalisten als Dolmetscherin in den Ländern rings um die Sowjetunion gereist. Wieder in Prag, wollte er mich in irgendeiner Weise absichern. Was ich denn tun würde, wenn es eines Tages hier aus sein würde? Darüber hat sich kein Mensch mehr Illusionen gemacht. Er ging mit meinem Pass zur französischen Botschaft, die damals sehr ungern tschechischen Juden die Einreise bewilligte, und sagte, das sei der Pass seiner Sekretärin und die brauche er in Paris. So habe ich den Stempel bekommen. Nun saß ich also in Bukarest mit einem französischen Visum und ging nach Frankreich.

Solche Dinge sind mir wiederholt im Leben passiert. Ich habe auch nicht selbst entschieden, nach Mexiko zu emigrieren. Ich habe

*Mein Leben kam mir
sehr öde vor, und ich
revoltierte dagegen.*

dort einen Jugoslawen, den Arzt und Schriftsteller Theodor Balk, geheiratet und kehrte nach Europa, aber zunächst nicht nach Prag zurück. Immer wieder passierte es, dass ich in eine Situation hineingeraten wurde, nicht hineingeraten bin.

Ich war in Mexiko mit einer Gruppe deutscher Emigranten befreundet. Im Rückblick war diese Zeit für mich sehr positiv und interessant. Ich war an der tschechoslowakischen Exilbotschaft angestellt und habe zugleich aktiv bei der deutschen Emigrantengruppe, die die Zeitschrift *Freies Deutschland* herausgegeben hat, mitgearbeitet. Ich schreibe deutsch, obwohl ich meine Familie im Holocaust verloren habe, und habe natürlich oft die Frage gehört: Wieso schreibst du deutsch? Aber Deutsch ist meine Muttersprache im wahrsten Sinne des Wortes. Wichtig und entscheidend ist, was man in seiner Sprache, mit diesem Instrument schreibt.

Es gibt viele Stationen in meinem Leben, aber Prag taucht immer wieder auf. Zu Beginn meiner Emigration habe ich ein Jahr in Paris gelebt, davon sechs Monate im Gefängnis. Dann war ich unterwegs nach Mexiko mit einem unvorhergesehenen Aufenthalt in Marokko. Ich glaube nicht, dass vor mir je ein Prager Mädchen in Casablanca war, geschweige denn ein halbes Jahr dort gelebt hat. Ich hatte auch Mexiko nicht selbst gewählt. Ich saß in Rieucros, dem

Lenka Reinerová als ca. 16-jährige

123

Internierungslager für Ausländerinnen in Frankreich, und bekam eines Tages einen Brief von Franz Carl Weiskopf, der mir schrieb: »Du kannst ganz ruhig sein, wir haben alles eingerichtet. Du bekommst Visum und Schiffskarte nach Mexiko.« Erst war ich erschrocken, denn damals wusste man von Mexiko kaum etwas. Dass es ein wunderbares Land ist mit einer wunderbaren, großzügigen Bevölkerung, das habe ich erst dort kennengelernt. Und so war ich im Dezember 1941 unterwegs nach Mexiko, wo ich dreieinhalb Jahre bleiben sollte. Ich war noch auf dem Schiff, als Pearl Harbour bombardiert wurde und die USA in den Krieg eintraten.

Bald nach meiner Ankunft wurden diplomatische Beziehungen zwischen Mexiko und der tschechischen Exilregierung aufgenommen. Ich war sehr glücklich, an der Exilbotschaft arbeiten zu können, denn obwohl ich in Mexiko weit weg vom Schuss war, hatte ich trotzdem das Gefühl, wenigstens minimal etwas zum großen Kampf beitragen zu können. Wir Emigranten haben dort auch eine Zeitschrift gegründet: *El Checoslovaco en Mexico.*

Mehrmals musste ich eine neue Sprache lernen. Zuerst in Prag Englisch, dann Französisch, in Mexiko Spanisch und dann habe ich einen Jugoslawen geheiratet und musste plötzlich Serbisch können. Ich habe festgestellt, dass ich eigentlich in allen Sprachen denke. Nur

Kopfrechnen geht ausschließlich in Deutsch, weil ich das so früh in der Schule so gelernt habe.

Bei einer Lesung in Berlin fragte mich ein älterer Mann einmal, welches der glücklichste Augenblick in meinem Leben war. Ich hätte ihm am liebsten gesagt: »Was geht Sie das an?« Aber ich habe ihm geantwortet: »Als mein Kind geboren wurde.« Sofort, als der Krieg aus war, habe ich zu meinem Mann gesagt: »Jetzt müssten wir ein Kind haben.« Und das, obwohl wir wussten, dass wir in ein zertrümmertes, zerbombtes, miserables Jugoslawien zurückkehren würden. Wir waren die ersten Flüchtlinge, die nach Europa zurückgingen. Ich war schwanger, und manche in Mexiko sagten: »Du bist verrückt. Warum bleibst du nicht wenigstens noch so lange und bringst das Kind hier auf die Welt?« Aber eine sehr gescheite deutsche Gynäkologin sagte: »Du hast absolut recht. Bring das Kind da auf die Welt, wo es später leben muss.« Allerdings konnte ich mir nicht vorstellen, wie es tatsächlich in Jugoslawien war. Aber wir haben es beide überlebt, meine Tochter und ich.

Was hat die meiste Kraft gekostet? Wenn ich jetzt sage, mit dieser Art Leben fertig zu werden, klingt es ein bisschen phrasenhaft. Aber es ist wahr. Alles in allem zusammengerechnet, verbrachte ich ungefähr dreieinhalb Jahre hinter Gittern und davon fast ein Jahr in Einzelhaft. Das ist nicht einfach, aber es formt den Menschen für sein weiteres Leben. Im Krieg nimmt man Verschiedenes hin, da ist nichts normal. Aber das zweite Mal war weiß Gott schwerer zu ertragen, weil ich ein Kind hatte. Jedes Mal, wenn ich zum Verhör geführt wurde, hatte ich panische Angst, ob das Kind nicht dort sein würde. Dann hätte ich wahrscheinlich alles ausgesagt, was sie hören wollten, ob es wahr war oder nicht. Aber dazu ist es zum Glück nicht gekommen.

Seit 50 Jahren bin ich krebskrank und vielleicht der Beweis dafür, dass man auch mit dieser Krankheit fertig werden kann. Natürlich mit Hilfe der Medizin, aber man muss auch ein bisschen dazu beitragen.

Menschliche Kontakte sind mir das Wichtigste. Man ist nicht nur ein Einzelmensch, sondern lebt in einer kleineren oder größeren menschlichen Gemeinschaft.

Altwerden ist in der Gesellschaft manchmal sogar ganz lustig. Ich war einmal mit meiner Tochter in einem Film. Da guckte sie sich im Kino um und meinte: »Mama, ich glaube, alle anderen sind mindestens 30 Jahre jünger als wir!« Also 50 Jahre jünger als ich. Ich habe jetzt oft das Gefühl, dass alles eigentlich für ein anderes Publikum gedacht ist, nicht für mich. Aber ich glaube, wenn man interessiert ist, wenn man sich beteiligt, dann wird man auch akzeptiert. Ich gehe in Kunstausstellungen und gerne ins Theater. Das Nationaltheater hat für die Tschechen eine ganz besondere Bedeutung. Sie sind nicht kriegerisch, in der tschechischen Bevölkerung gibt es auch fast keinen Analphabetismus. Das ist ein sehr sympathischer Zug.

Die Natur ist für mich immer ein Wunder – was so alles vor sich geht und wie es vor sich geht. Wir haben nur ein Leben, man muss also tunlichst etwas daraus machen, sonst hätte es keinen Sinn. Und wenn es die Kontinuität ist, dass jeder von uns etwas hinterlässt, das weiterlebt.

An das eigene Lebensende zu denken, ist nicht einfach. Meine Tochter hat mich einmal gefragt: »Denkst du manchmal an den Tod?« Manchmal? Fast immer! Ich habe keine Schreckensvorstellung. Als mein Mann schon sehr krank war, sagte er, er hätte keine Angst vor dem Tod, er hätte nur Angst vor dem Sterben. Das stimmt wahrscheinlich für viele Menschen. Aber man weiß ja, dass das Ende unabänderlich ist.

Wichtig sind die kleinen alltäglichen Dinge, die helfen einem im fortgeschrittenen Alter. Wenn ich mich hinsetze und schreibe, dieser Moment, das ist meine Welt und das Geschriebene mein bleibender Kontakt mit meinen Mitmenschen.

Annemarie Renger

1919 – 2008

Politikerin

Ich stamme aus einer sozialdemokratischen Familie. Schon als Drei-
oder Vierjährige saß ich unter dem Schreibtisch meines Vaters und
hörte bei politischen Gesprächen zu. Wahrscheinlich habe ich wenig verstanden, aber die Atmosphäre, die Abgeordneten, die älteren
Brüder, die auf dem Schoß meines Vaters Skat spielten, haben mich
geprägt. Als Jüngste von sieben Kindern war ich verwöhnt und
neugierig. Ich fragte nach allem und war nicht zufrieden, bevor ich
es nicht eingesehen hatte. Meinen Vater musste man auch überzeugen und gut begründen, wenn man etwas wollte. Aber man wurde
von ihm ernst genommen, und er versuchte, immer eine überzeu-
gende Antwort zu geben. Er war der institutionelle Mittelpunkt der
Familie. Meine Mutter war ihr Herz, ihr konnten wir alles erzählen.
So bin ich von Kindheit an als eigenständige Persönlichkeit in die
Gesellschaft hineingewachsen und habe schon in der Schule meine Meinung geäußert. Meine Familie gab mir die entscheidende
Lebensgrundlage.

Die Sozialdemokraten sagten schon 1930 voraus, dass, wer
Hitler wählt, den Krieg wählt. Ab 1933 erlebten wir aufgrund unserer sozialdemokratischen Überzeugung Sanktionen der Nazis. Meine

phantastische Klassenlehrerin warnte mich eines Tages, dass ich, wenn ich die Schule nicht verließe, ein so schlechtes Zeugnis bekäme, dass ich sie schon deswegen aufgeben müsste. Es bedeutet mir viel, dass sie für mich eingetreten ist. Mein Vater, sie und ich beschlossen gemeinsam, dass ich freiwillig aus der Untertertia abgehe. So bekam ich wenigstens ein anständiges Abgangszeugnis. Dem Vater meiner Freundin gehörte ein Verlag, und dort konnte ich eine Lehre zum Verlagskaufmann beginnen, wo ich eine Menge für das praktische, reale Leben, außerhalb der Familiengeborgenheit, lernte. Ich habe aber diesen Beruf nicht weitergeführt, weil ich früh meinen Kollegen Emil Renger geheiratet habe und bald meinen Sohn Rolf bekam.

Ich war überzeugt, die Nazis würden gehen und es kämen wieder Demokraten, natürlich Sozialdemokraten, an die Macht. Wir waren so überzeugt, dass wir eigentlich nur darauf warteten, dass der Krieg zu Ende war. Wir waren sicher, dass der Krieg zwar negativ zu Ende ginge, es aber einen demokratischen Aufbau geben würde. Als der Krieg dann wirklich zu Ende war, waren mein Mann und meine Brüder gefallen, und wir lebten in der »Verbannung« in der Lüneburger Heide. Einer von uns musste jetzt Geld verdienen.

Mit Kurt Schumacher, ca. 1950

128

Ich hatte in der Zeitung eine Notiz über Kurt Schumacher gelesen, die mir sehr gefallen hatte. Mein Vater kannte ihn flüchtig als einen der neuen Männer in der Reichstagsfraktion. Ich nahm den nächsten Zug nach Hannover, kam in eine völlig zerstörte Stadt und ging bis zu den Arbeitsräumen der SPD zu Fuß. Dort habe ich gesagt: »Mein Name ist Annemarie Renger, mein Vater war Geschäftsführer der Arbeitersportbewegung, haben Sie Arbeit für mich?« Ich wurde zu Kurt Schumacher geführt, er guckte mich an und ich sah ihn auch an, ganz direkt. Ich hatte vor niemandem Angst. Er fragte: »Was können Sie?« Ich antwortete: »Ich glaube, ich wäre eine gute Arbeitskraft und wurde in meinem Elternhaus als Sozialdemokratin erzogen!« Er antwortet nur: »Können Sie nach der Konferenz« – mit den DDR-Sozialdemokraten am 15. Oktober – »bei mir anfangen?« Damit begann meine große Zeit mit Kurt Schumacher. Es war ein Einstieg in ein neues Leben, wie ich es mir besser, intensiver nicht hätte vorstellen können. Selbstbewusst war ich sicher, dass ich die Bewährungsprobe bestehen würde. Ich habe unglaublich viel bei ihm gelernt. Er hatte zehn Jahre in Konzentrationslagern zugebracht, war körperlich ein Wrack, aber geistig absolut da. Das war eine ungeheure Erfahrung für mich als junge Frau. Ich habe meine Restfamilie nach Hannover geholt und voll innerer Begeisterung am Aufbau der Partei teilgenommen. Ich war die Vertraute eines schwierigen

Es kann passieren,
was will, mein
Lebensgefühl
ist positiv.

Der Abgeordneten-Ausweis
zur 2. Wahlperiode des Deutschen
Bundestages, 1953

Mannes, der Dinge erlebt hatte, die sich ihm tief eingebrannt hatten, obwohl er kaum darüber redete. Ich war seine Vertraute, vielleicht der einzige Mensch, bei dem er Schwächen zeigen oder Zweifel äußern konnte. Es war so, als entdeckte jeder durch den anderen die Welt. Er war 50 Jahre und ich halb so alt. Ich lebte mit ihm zusammen und war nach 1948 sozusagen Ersatz für ein Bein und einen Arm. Für ihn war ich nicht nur eine junge Frau, die positiv dachte. Sondern ich konnte mich auch in ihn hineinversetzen, mitfühlen, wie schwer es für ihn als Mann war, so einen gebrochenen Körper zu haben. Trotzdem war er kein gebrochener Mensch. Er ließ sich von anderen nicht beherrschen, sondern setzte seine Überzeugung durch. Ich war eine geduldige, aufmerksame und übereinstimmende Schülerin und in der Partei die zweite Hälfte von Schumacher. Wenn jemand etwas von ihm wollte, dann musste er zu mir kommen. Diese Zeit war die eindrucksvollste meines Lebens.

Als ich Präsidentin des Bundestages wurde, waren die Leute in der SPD mindestens so skeptisch wie die der anderen Parteien. Da musste ich mich durchbeißen und durfte nicht die Nerven verlieren.

Der Tod von Schumacher kam überraschend – gefürchtet ja, aber dennoch überraschend. Ein einziges Mal ging ich mit seiner Krankenschwester ins Kino. »Ja, gehe mal ruhig mit«, hatte er gesagt. In der Zwischenzeit starb er. Er lag ganz friedlich auf der Seite und war eingeschlafen. Vorher hatte er schon einen Schlaganfall gehabt, und es war wohl für seinen Körper an der Zeit. Ich denke, dass ich nicht da war, sollte so sein. Das Sterben zu sehen, ist viel schlimmer für den, der bleibt. Nein, ich hätte nicht dabei sein mögen. Er war ja nicht der erste Mann, der mir gestorben ist. Ich weiß nicht wie, aber ich habe es verkraftet. Jedes Mal, wenn ich das große Glück hatte, mit einem geliebten Menschen zusammenzuleben, war das viel reicher als die schreckliche Seite des Todes. Die Zeit des Zusammenseins bleibt als Erinnerung.

Mein späteres Leben war sozusagen die logische Folge. Nach Schumachers Tod glaubte ich, alles, was ich bei ihm gelernt hatte, nun auch selbst umsetzen zu können. Also habe ich Erich Ollenhauer gesagt, dass ich für den Bundestag kandidieren möchte. Darüber hätten sie auch schon nachgedacht, meinte er, und so bin ich 1953 als Abgeordnete in Schleswig-Holstein in den Bundestag gewählt worden. Das war nicht zu jedermanns Freude, denn es gab auch andere, die daran Interesse hatten, aber sie konnten nicht an mir vorbei. Ich war jung und kenntnisreich, und es war mir selbstverständlich, dass ich dieses Amt ausfüllen könnte. Ich hatte große Hilfe, moralische, politische Unterstützung von Erich Ollenhauer und vielen anderen, die ich seit 1945 kennengelernt hatte. Und es gab ein paar engere Freunde, die schon vor 1933 Sozialdemokraten waren, fest gefügt, so wie Ewald Franke. Ich hatte natürlich gerade mit den verfolgten Sozialdemokraten Kontakt. Das ergab sich aus der Nazizeit, und weil meinen Vater Fritz Wildung, Generalsekretär der Arbeitersportbewegung, jeder kannte.

Ich bin in Leipzig geboren, habe die Stadt aber mit vier Jahren verlassen, und wir sind nach Berlin gezogen. Dort habe ich meine eigentliche Kindheit verbracht. An Berlin habe ich immer noch die größte Bindung. Im Krieg waren die Lüneburger Heide und dann Hannover die entscheidenden Orte meines Lebens.

Am längsten habe ich in Bonn politisch gearbeitet, für mich natürlich besonders wichtig. 38 Jahre lang Abgeordnete zu sein, als Mitglied des Hauses anerkannt, als erste Frau Präsidentin und Sozialdemokratin, das hat hierzulande noch keiner erreicht.

Als ich Präsidentin des Bundestages wurde, waren die Leute in der SPD mindestens so skeptisch wie die der anderen Parteien. Da musste ich mich durchbeißen und durfte nicht die Nerven verlieren. Später haben mir viele gesagt, dass ich eine gute Präsidentin war. Als der politische Wechsel kam, blieb ich Vizepräsidentin. Die 18 Jahre im Präsidentenamt waren sehr interessant. Es war meine Vorstellung von Kindheit an, dass ich Politik machen wollte. Ich bin so hineingewachsen, dass ich es fast selbstverständlich fand.

Ich mache die schöne Erfahrung,
dass ich noch gerufen und gewünscht werde.
Insofern fühle ich mich auch nicht alt.

Ich war im Parteivorstand, Präsidentin in internationalen Verbänden und anderen politischen Institutionen, wie im Europarat. Es reihte sich aneinander und war eine logische Folge meines Lebensweges, der Kenntnisse, die ich mir angeeignet hatte, und meines Selbstbewusstseins, denn ohne Selbstbewusstsein geht nichts.

Natürlich waren wir Frauen in der Politik noch auf Verbündete angewiesen. Die Männer waren die Mehrheit, also mussten wir auch manche Zugeständnisse machen. Als die Sozialdemokraten die erste Regierung stellten, haben wir 15 bekannten Frauen aus der SPD uns abends zusammengesetzt und beschlossen: Jetzt formulieren wir unsere Forderungen an unsere Genossen. Wir haben nächtelang gesessen – wundervoll! – und haben dann der Parteiführung etwas vorgelegt. Eine ganze Reihe sozialpolitischer Anliegen ist auch durchgesetzt worden. Ich glaube, dass es nicht nur wichtig ist, Verbündete zu haben, sondern dass man ein Konzept haben muss, das die Leute glaubwürdig finden und das mit Augenmaß gemacht ist. Nach dem Motto: In dieser Zeitspanne können wir diese Dinge in der Politik umsetzen. Und das haben wir geschafft.

Ich könnte ohne den Rückhalt und die Zuneigung in der Partei, von Frauen und Männern, nicht leben. Nur für mich alleine zu sagen, das will ich erreichen, das könnte ich nicht. Besonders der Rückhalt im Privaten war für mich notwendig. Wenn mein Mann, den ich 1953 kennengelernt hatte, nicht hier gewesen wäre, hätte mir das Menschliche gefehlt. Ich brauche eine Umgebung, wo ich auch mal Unsinn reden oder mir Luft machen kann. Allein die Politik ohne die Familie, das ist nicht meine Sache. Auch heute ist meine Familie für mich Lebenselement. Wir hielten immer gut zusammen, konnten uns bei Kummer aussprechen und verstanden uns auch ohne Worte. Dass sich das mit den Enkelkindern fortsetzt – schön ist das. Natürlich brauche ich auch Freunde, aber in erster Linie brauche ich Familie.

Es kann passieren, was will, mein Lebensgefühl ist positiv. Ich war immer dafür, die Jammerei zu lassen und lieber zu fragen: Was können wir tun? Ich denke nicht: So ist es und man kann es nicht ändern, sondern: Das kann man ändern, dabei braucht man einen Verbündeten und Argumente. Damit versuche ich durchzukommen, kann aber auch eine Niederlage erleiden.

Die junge Generation ist heute meist in ihre Lebenssituation verstrickt. Auch früher mussten wir Geld verdienen, aber wir waren nicht naiv und glaubten, dass man nur etwas zu sagen brauchte, und dann erfüllte es sich. Wir setzten uns für ein Ziel ein. Ich glaube, dass Menschen ohne ein Gemeinschaftsgefühl, ohne etwas einzubringen und dafür anerkannt zu werden, kein erfülltes Leben haben können.

Ich mache die schöne Erfahrung, dass ich noch gerufen werde. Insofern fühle ich mich nicht alt. Natürlich weiß ich manche Details nicht mehr, doch so ausführlich muss ich nicht sein. Solange die Leute wollen, dass ich zu ihnen spreche, will ich das gerne tun. Das erfüllt und befriedigt mich. Ich lebe in der Gegenwart und versuche, mich aktuell zu informieren.

Doris Schade

Jahrgang 1924 – 2012

Schauspielerin

... man erkennt das Leben nur an Gegensätzen.

Jeder Tag ist neu zu erobern. Die üblichen Beschwerden, die einen im Alter begleiten, sind mal stark, mal weniger stark. Mir fehlt Leben, und zwar im Guten wie im Bösen, es fehlt einer, auf den ich auch einmal sauer sein kann. Das habe ich wirklich erst nach dem Tod meines Mannes gemerkt, als er im hohen Alter nach 50 gemeinsamen Jahren 1998 starb. Man weiß ja nicht, was Liebe ist, wenn man nicht weiß, was Hass ist, oder man weiß nicht, was Wut ist, wenn man nicht weiß, was Freude ist oder Zärtlichkeit. Man erkennt das Leben nur an Gegensätzen, das ist Leben. Nur glücklich, das gibt es nicht.

Ich bin als relativ verwöhntes Einzelkind aufgewachsen. Geschwister habe ich nicht vermisst, erst jetzt vermisse ich sie und denke häufig, wie schön es wäre, eine Schwester zu haben, die man mal besuchen könnte, oder einen Bruder. Meine Kindheit war geprägt durch viele Ortswechsel. Mein Vater war Flugzeugbauer und hat im Ausland Flugzeugwerke installiert. Die ersten fünf Jahre meines Lebens arbeitete er in Russland. Immer noch spüre ich eine unbestimmte Sehnsucht, ein inniges Gefühl von Wärme. Wir lebten in einer Datscha, einem Holzhaus mit Spitzengardinen vor dem Fenster und einer Veranda, mitten in einem Birkenwald am Rand von Moskau. Da war ich sehr gern, und diese ersten fünf Jahre haben mich geprägt. Im Jahr 1929 sind wir nach Japan gezogen. Den Weg dorthin fuhren meine Mutter und ich mit dem Schiff. Und auch drei Jahre später von Japan nach Deutschland nahmen wir den Dampfer. Diese Schiffsreisen habe ich sehr genossen.

Ich liebe seitdem das Wasser, und die Dampferfahrten waren unverlöschliche Eindrücke. Auch an der Nordsee fühlte ich mich wohl. Die konnte noch so rau sein, das fand ich wunderbar. Hohe Wellen und dann da durchtauchen, toll!

In Japan erlebten wir noch das alte Japan. Die Freundinnen und auch ich liefen in traditioneller Kleidung mit den besonderen Schuhen und im Kimono herum. Unvergessen sind die schönen Feste: Laternenfest, Puppenfest, das Kirschblütenfest. Das war alles sehr romantisch. Schon nach einer Woche hatte ich im Kindergarten das nötigste Japanisch gelernt. Als wir dann 1932 nach Deutschland zogen, war alles fremd für mich. Ich war überrascht, dass alle deutsch sprachen. Meine Freundinnen hatten nur japanisch gesprochen, und tagtäglich hatte ich nur in japanische Gesichter geblickt.

Als 1939 der Krieg begann, war ich 15, und wir waren gerade in den Ferien. Ich erinnere mich, dass die Erwachsenen plötzlich davon sprachen, dass der Krieg ausgebrochen wäre, aber dass er weit weg in Polen wäre und in 14 Tagen zu Ende sein würde. Das hat mich beruhigt, eine genaue Vorstellung vom Krieg hatte ich sowieso nicht. Fernsehen gab es nicht, deswegen hatte man keine Ahnung von den Grausamkeiten, wie man sie jetzt hat.

Wir wohnten schon wieder in Deutschland, als ich das erste Mal in Leipzig mit meiner Mutter im Theater war. Ich war fasziniert und wusste schon bald, dass ich Schauspielerin werden wollte. Mit zwölf Jahren habe ich ein Gedicht geschrieben: »Was sollen all die Frauen in mir, die in mir stecken, und die Mädchen, und wer bringt mir meine Ruhe wieder her und wer bringt die ans Licht – nur das Meer.« Ich hatte offensichtlich eine blühende Phantasie und habe viele Wesen in mir gespürt, wie man sie als Schauspielerin zeigt. Noch während der Schulzeit in Leipzig nahm ich Schauspielunterricht, und im Oktober 1942 habe ich, wegen Hochbegabung vorzeitig, die Abschlussprüfung in Berlin bestanden. Ich wollte am liebsten schon mit 16 von der Schule abgehen, um die Schauspielausbildung zu beginnen. Da hat sich mein Vater sehr klug verhalten. Er ging zum Lehrer und verabredete, dass ich beides miteinander vereinbaren konnte. Es hat mir sicher geholfen, dass mir das Lernen leichtfiel. Mein Vater sagte: »Du kannst machen, was du willst, ich bezahle es dir. Wenn du Schauspielerin werden willst, habe ich überhaupt nichts dagegen, aber mache mir zuliebe auch das Abitur.« Das fand ich toll. Die meisten Eltern damals fanden die Schauspielerei unmoralisch und etwas Abwegiges für ihr Kind. Als wir 1943 Abitur machten, wurden wir gefragt, was wir denn werden wollten, und da habe ich etwas schüchtern, aber doch voll Stolz gesagt: »Ich bin schon Schauspielerin!«

Ich hatte offensichtlich eine blühende Phantasie und habe viele Wesen in mir gespürt.

Nach dem Abitur ging ich auf Tournee. Wir spielten auf Truppenübungsplätzen. Weil ich aber kein festes Engagement hatte, war die Gestapo hinter mir her. Ich hätte zum Kriegshilfsdienst als Flakhelferin an die Front gemusst. Wir haben uns vom Krieg distanziert, das war für uns die Männerwelt, da hatten Frauen nichts zu suchen, und so ein Blitzmädel oder Flakhelferin wollte ich auf keinen Fall werden. Darum musste ich in Prag untertauchen. Dort habe ich mich alle vier Wochen in einem anderen Stadtviertel angemeldet. Prag war damals berühmt für die größten Filmateliers in Europa. Ich meldete mich als Statistin, und wenn mein Vater Geld schickte, nahm ich Gesangsstunden, lernte Steppen und habe im Hotel gewohnt. Wenn ich kein Geld mehr hatte, wohnte ich bei Bekannten oder Freunden.

Einmal sprach mich in der Oberstadt ein Tscheche an: »Du bist doch Deutsche, die Gestapo ist da unten auf der Karlsbrücke und sucht Ausreißer und Drückeberger.« Auf der Karlsbrücke waren Ti-

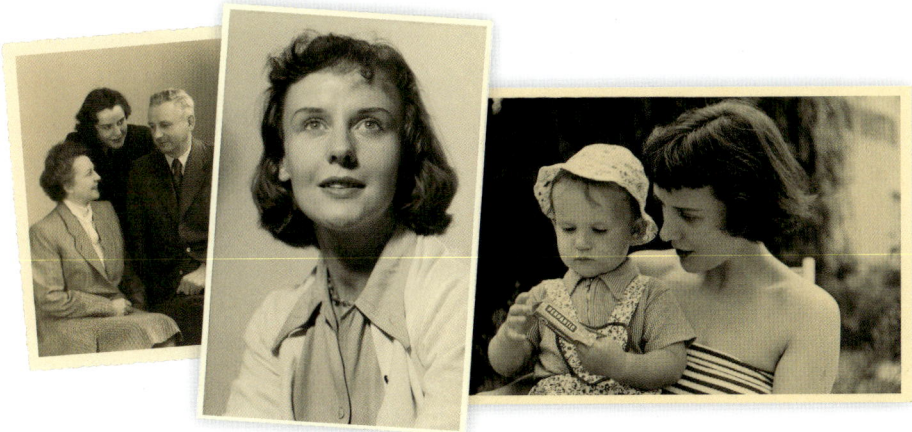

sche quer gestellt und alle, die passieren wollten, wurden kontrolliert. Ich war ja solch ein Drückeberger und bin deshalb die ganze Nacht oben herumgelaufen. Am nächsten Morgen waren sie wieder weg.

Von Prag aus bekam ich ein Engagement nach Gelsenkirchen. Ich hatte gleich zwei Rollen auf einmal und probte vormittags die eine Rolle und am Abend die andere. Doch kurz vor den Premieren war Schluss. 1944 wurden alle Theater geschlossen, und wir mussten in der Rüstung arbeiten. Wir machten die Nachtschicht, weil die nicht so lang war wie die Tagesschicht. Durch die ungewohnte Arbeit sah ich plötzlich um zehn Jahre gealtert aus. Ein Kollege setzte sich dafür ein, dass wir in unseren Heimatorten arbeiten konnten, und ich ging zu meinen Eltern nach Leipzig. Dort arbeitete ich wieder in der Rüstungsindustrie. Während eines Bombenangriffs wurde die Fabrik bombardiert und ich im Keller verschüttet. Ich trug eine sehr schwere Gehirnerschütterung davon, die ich nicht richtig ausheilen konnte. Deshalb habe ich noch heute manchmal Gedächtnislücken. Neben dieser Verschüttung war ich im Krieg noch zwei Mal in Lebensgefahr. Beide Male auf freiem Feld durch Tieffliegerangriffe. Einmal spritzten direkt neben mir Geschosse die Erde auf, aber ich wurde nicht getroffen! Danach hatte ich die größten Glücksgefühle.

LINKS: Doris Schade mit ihren Eltern, 1953   RECHTS: Mit Sohn Uwe, 1954

Das war so ein überschäumendes Lebensgefühl, wie ich es in meinem ganzen Leben bei keiner anderen Gelegenheit, auch nicht auf dem Theater, erlebt habe. Jede einzelne Pore von mir war da glücklich!

Gleich nach dem Krieg habe ich in Leipzig mit literarischem Kabarett angefangen, wir sind auch im Erzgebirge von Dorf zu Dorf mit Fahrrädern gefahren und haben den Bauern Märchen vorgespielt. Es war wunderbar, dass man wieder spielen konnte.

In der Ostzone waren anfangs »unbescholtene« Personen an berufene Posten geraten, denen sie überhaupt nicht gewachsen waren. Einmal sollte ich im Mitteldeutschen Rundfunk in Leipzig Gedichte sprechen und habe auch ein Gedicht von Hölderlin lesen müssen. Ich bemerkte, dass zwei Zeilen daraus gestrichen worden waren, und traute mich zu fragen: »Warum sind denn diese zwei Zeilen gestrichen?« Sie handelten vom Neckar: »Und da wölkt sich der Himmel blauer als anderswo und da ist die Luft reiner als anderswo.« Die Antwort, die ich bekam, nämlich »das liegt doch in der Westzone«, war mir zu blöd. So hat dieser Vorfall dazu beigetragen, dass ich in die Westzone geflüchtet bin. Bei einer solchen Einstellung sogar am Rundfunk, da wollte ich nicht Kunst machen. Ich bin also schwarz über die Grenze gegangen, der Russe hat noch hinter uns her geschossen und »Stoi« gerufen. Eine Dame zeigte uns den Weg, dann waren wir auch schon in der Westzone.

Mein erstes festes Engagement nach dem Krieg bekam ich in Osnabrück. Es war das allererste Theater, das einen richtig normalen Spielplan hatte. Die Leute kamen in Mänteln, weil der Winter so kalt war. Als Eintritt bezahlte man kein Geld, sondern ein Brikett, um damit den Zuschauerraum heizen zu können. Die Theater waren überfüllt. Die Menschen dürsteten nach Kultur und wollten Stücke von den Schriftstellern aus Frankreich und aus Amerika sehen, die man in der Nazizeit nicht hatte spielen dürfen. Das war eine wirklich aufregende Zeit. Man schaute nicht auf die Gage, die war völlig egal. Es war einfach wichtig zu spielen. Danach folgten feste Engagements in Bremen, Nürnberg und in Frankfurt. Als ich dann Familie hatte, habe ich zunächst nur noch gastiert. Kompromisse haben wir beide oft geschlossen – mein Mann und ich. Wenn man zusammenhalten will, muss man sich zusammenraufen und eben auch Kompromisse schließen.

Es gab viele wichtige Entscheidungen in meinem Leben. Ganz früh fiel die Entscheidung zur Schauspielerei. Dann hatte ich fertig studiert, und entschied, nach Prag zu gehen, und nicht zum Militär. Es war eine bedrängende Zeit, in der man notgedrungen Entschlüsse fassen musste. Einen Vorsatz ganz grundsätzlicher Art fasste ich: immer mit allerersten Regisseuren zusammenzuarbeiten. Mein Mann, den ich nach dem Krieg geheiratet habe, war auch Regisseur. Wir haben bestimmt fünf, sechs Jahre wunderbar zusammengearbeitet, dann hatte sich die Zusammenarbeit erschöpft.

Im Alter wird das Leben schwerer durchschaubar, man hat ja keine Zukunft vor sich.

Ich hatte großes Glück, ich spielte immer schöne Rollen, von jedem Regisseur konnte ich etwas anderes lernen. Bei meinem Lieblingsregisseur Fritz Kortner habe ich letztendlich alles gelernt, was mir wichtig am Theater geworden ist. Ich habe ihn in einer guten Zeit erwischt, habe auch gar nicht gewusst, dass er so schwierig sein sollte. Für mich war er ein Genie, und das Gegenüber spürt natürlich, was man von ihm hält. Er war hochsensibel gegen Leute, die Angst vor ihm hatten, das fand er fürchterlich verlogen. Die bösen Witze waren sein Ventil, das habe ich sofort richtig verstanden. Ich habe mich darüber kaputtgelacht, und er war überhaupt nicht beleidigt. Kortner war für mich eine Offenbarung. Er inszenierte auch vom Physischen her sehr genau, und ich wusste bei jeder Handbewegung, bei jedem Schritt sofort, was er damit sagen wollte. Jeden Wirbel meiner Wirbelsäule lernte ich kennen, wenn er sagte: »Strecken Sie mal den dritten Wirbel von unten.« Aber ich habe nicht nur von Kortner gelernt, auch von Gustav Rudolf Sellner und von Stroux – Namen, die man heute gar nicht mehr kennt. Bei Karl-Heinz Stroux in Düsseldorf arbeitete ich schon als Gast, weil inzwischen mein

Sohn geboren war. Ein Angebot ans Wiener Burgtheater habe ich wegen der Familie nicht angenommen. Ich hätte das Kind mitnehmen können, aber der Vater war in Mannheim engagiert, das war zu weit. Mit Claus Peymann habe ich sehr gerne gearbeitet und mit Luc Bondi. Gelernt habe ich in diesen jungen Jahren von allen. So macht man seine Erfahrungen und lernt sich selber kennen.

Nach Kortner war ich noch zehn Jahre an den Kammerspielen in München, eine wunderbare Zeit. In den Achtundsechziger- und Siebzigerjahren standen wir Schauspieler aber plötzlich politisch gegen das Theater. Da sind eine ganze Menge von uns weggegangen, obwohl die Kammerspiele damals als das beste Theater von Deutschland galten. Doch ich bin ja zurückgekommen.

Dann war ich fünf Jahre sehr gern in Hamburg. Ich liebe Hamburg über alles, weil es einen Hafen hat, und wenn Silvester das vielstimmige »Tuuut« der Schiffe ertönt, da bekomme ich Sehnsucht.

Ich habe auch interessante Filme gemacht. Bei Rainer Werner Fassbinder habe ich eine sehr schöne Rolle in »Die Sehnsucht der Veronika Voss« gespielt. Margarethe von Trotta habe ich einmal im Fernsehen gesehen, als sie noch gar nicht berühmt war. Es gefiel mir, was sie über Theater sagte, und ich wusste, bei der möchte ich einmal arbeiten. Und tatsächlich habe ich dann in »Die bleierne Zeit« die Mutter gespielt, später die Clara Zetkin in »Rosa Luxemburg« und kürzlich die Achtzigjährige in dem Film »Rosenstraße«.

Man lernt am Theater nie aus. Ich spielte einmal nach einer Operation, weil ich keine Kraft hatte, sehr reduziert, war darüber ganz unglücklich und entschuldigte mich beim Regieassistenten. Der hieß damals Peter Stein und sagte zu mir: »Und heute war es am allerbesten.« Es war mir eine Lehre, dass man, wenn man mit der Kraft haushalten muss, aber an die Grenzen geht, oft viel stärker ist, als wenn man losdonnert und über die Bühne fegt.

Natürlich habe ich auf der Bühne wunderbare Momente gehabt, aber so ein glückliches Gefühl, dass ich dachte: Ja, darum bin ich zum Theater gegangen, das war sehr selten. Ich erlebe heute allerdings das Glück, dass ich immer noch gefragt werde, sowohl nach Unterricht

wie auch nach Rollen. Ich sage zwar oft ab, besonders Filmarbeiten traue ich mir nicht mehr zu. Es müsste schon Margarethe von Trotta sein, die Rücksicht nimmt, denn 15 oder 16 Stunden am Tag zur Verfügung zu stehen – das kann ich nicht mehr leisten. Aber es gibt auch andere Rollen, wie jetzt im Liederabend von Franz Wittenbrink »Denn alle Lust will Ewigkeit«. So etwas macht viel Freude. In der Zeitung stand über meinen Auftritt: »Das Publikum hielt den Atem an, es fühlte: Dies ist einer der so kostbaren wie seltenen Momente, in dem ein einzelner Mensch die ganze Welt in sich hat und ausstrahlt – den Schmerz, das Glück, das Leben eben. Ein großer Augenblick des Theaters.« Solche Kritik freut mich natürlich. Für mich ist ja eigentlich jede Aufführung ein neuer Anfang: Sie wird geboren, wenn der Vorhang aufgeht, und wenn er fällt, ist sie gestorben. Beim nächsten Mal will ein anderes Publikum wieder neu erobert werden. Das ist das Leben und das ist gestorben mit dem letzten Wort.

Im Alter wird das Leben schwerer durchschaubar, man hat ja keine Zukunft vor sich. Wenn man etwas plant, denkt man: O Gott, ob du das nächstes Jahr noch kannst? Es genügt ja schon, älter zu werden, das ist richtig eine Aufgabe, aber dass man dann auch noch die Wehwehchen ertragen muss, das kann man nur mit Humor nehmen.

Lilly Vogel

Jahrgang 1918

Sozialarbeiterin

Wo ein Wille ist ist auch ein Weg!

Auch in diesem Lebensabschnitt fühle ich mich eigentlich sehr wohl, aber ich muss mich daran gewöhnen, dass meine physischen Kräfte abgenommen haben. Ich fühle mich nicht alt im Kopf, aber der Körper will nicht mehr wie früher. Außerdem wird die Welt um mich herum immer kleiner. Meine drei Schwestern sind schon gestorben, und ich habe viele Freunde verloren. Es ist ein Glück für mich, dass ich selbständig alleine leben kann, weil meine zwei Söhne wirklich besorgt um mich sind. Ich habe Enkelkinder und sogar ein Großenkelkind, die mir viel Freude machen.

Ich hatte ein reiches Leben, durfte Erfahrungen machen, positive und negative, beides gehört zusammen. Ich hatte immer das Gefühl, getragen zu werden. Dennoch würde ich einiges anders machen. Ich habe immer versucht, das Beste aus einer Situation zu machen. Für Probleme lassen sich Lösungen finden, und auch das Negative hat einen Sinn.

Als ich neun Jahren alt war, starb meine Mutter. Ich habe an sie fast keine Erinnerung. Meine Eltern hatten ein Geschäft und für uns praktisch keine Zeit. Ich habe die Mutter eigentlich erst später durch Briefe kennengelernt, die ich nach dem Tod meines Vaters fand. Als meine Mutter starb, verkaufte mein Vater seinen Betrieb, eine Confiserie in Luzern, und wir blieben etwa vier Jahre privat. Das war eine schöne Zeit, wir waren eine normale Familie, und mein Vater hatte Zeit für uns. Die Verwandtschaft hatte ihm eine Haushälterin besorgt, sie sollte die Kinder richtig erziehen. Mein Vater hat sie dann später geheiratet. Er wollte in dieser Zeit auch etwas gegen seine Augenkrankheit unternehmen und reiste von Professor zu Professor, wurde sogar in Zürich von einer Kapazität operiert, aber die Operation misslang und so ist er ganz langsam völlig erblindet. Nach vier Jahren wurde ihm klar, dass man nicht nur von den Reserven leben kann, und er hat in Zürich ein Geschäft und ein Haus gekauft. Aber unsere zweite Mutter war keine Geschäftsfrau, auch immer ein bisschen kränklich. Durch sein Blindsein war er von Angestellten abhängig, und das ging nicht gut. Er musste die Sache wieder aufgeben.

Wir waren politisch interessiert und sehr gegen Hitler. Die Vorkriegszeit haben wir durch das tägliche Zeitungvorlesen als Grenzland zu Deutschland fast hautnah erlebt.

Bald kamen die jüdischen Flüchtlinge in die Schweiz und ich meldete mich für die so genannte Flüchtlingsarbeit. Dort erlebte ich viele wertvolle menschliche Begegnungen. Ich wurde nach etwa vier Jahren sogar zur jüngsten Leiterin in der Schweiz ernannt. Wir betreuten Familien mit Kleinkindern und ältere Leute. Die arbeitsfähigen, alleinstehenden Männer kamen in Arbeitslager, für Straßenbau oder Fabrik- und Waldarbeiten. Unsere Aufgabe bestand einfach darin, den Betrieb mit den Flüchtlingen aufrechtzuerhalten. Das war nicht sehr einfach, speziell nicht mit den orthodoxen Juden. Das Leben dieser streng rituell lebenden Juden hat mich sehr beeindruckt. Die Zehn Gebote gelten ja auch für uns Christen, und diese kann man nachleben, aber was die Juden sich für Gesetze aufgebürdet haben, das ist maßlos, da kann man wirklich fast nicht mehr atmen. Das

hat mir gezeigt, dass das Christentum uns enorme Freiheiten gegeben hat. Wenn ich die Erfahrungen, die ich inzwischen in meinem
Leben gemacht habe, damals hätte anwenden können, hätte ich dies
und jenes wahrscheinlich anders gemacht.

Nach dem Krieg taten sich alle Hilfswerke zu der gemeinsamen
»Schweizer Spende« zusammen. Die Schweiz als Staat hat gesammelt
und dann den Hilfswerken diese Projekte einfach neutral übergeben.
Ich war zum Beispiel in Köln über das Schweizerische Arbeiterhilfswerk tätig. Das war eine sehr traurige und interessante Zeit. Ich hätte
mir nie vorgestellt, dass ein Krieg solch einen Schaden anrichten
kann. In dieser Zeit wurde ich zur Pazifistin.

Vorher war ich in der Schweiz von Freunden gefragt worden:
Wie kannst du in dieses Land gehen? Der größte Teil der Schweizer
war dagegen, denn einfach andere zu überfallen, das war etwas, was
wir nicht verstehen konnten. Aber ich lernte sehr viele nette Deutsche kennen und hatte als Aktionsleiterin mit Ministern und dem
Oberbürgermeister zu tun. Alles, was ich in dieser Zeit gelernt habe,
hat mir später geholfen.

Als die Flüchtlingsarbeit beendet war, heiratete ich und bekam
zwei Jungen. Ich hatte einen sehr feinfühligen Mann, einen guten
Vater, und wir hatten eine schöne Zeit – bis zu seinem schweren
Autounfall. Er war leidenschaftlicher Botaniker, und wir hatten eine
Gärtnerei, die wir dann aufgeben mussten. Sobald er wieder gehen
konnte, planten wir die erste Afrikareise.

Afrika hat mich schon früh fasziniert. Das fing sicher mit dem
Negerlein in der Sonntagsschule an, das so brav nickte, wenn man
zehn Rappen einwarf. Am Sonntag benutzten wir Dessertteller, auf
denen außen herum Negerlein tanzten. Später las ich meinem Vater auch Bücher vor, die von Leprastationen in Afrika erzählten. Ich
wollte auf alle Fälle einmal nach Afrika und sagte mir, wenn ich heirate, muss mein Mann mit mir auf Hochzeitsreise dorthin fahren.
Erst knapp 20 Jahre später konnten wir die Reise planen. Ich wollte
sehen, wie die Menschen dort normal leben. Auf dem Schiff lernte ich eine Nonne kennen, die mir Adressen von vier Lepradörfern

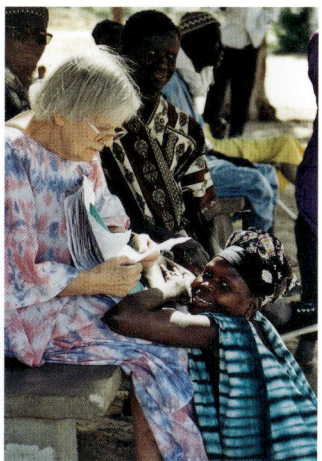

in jener Region gab. Als wir bei einer ankamen, wollten wir einen Arzt sprechen. Die Bewohner schüttelten den Kopf: »Hier ist kein Arzt.« Da sagte ich: »Dann die Krankenschwester.« »Wir haben keine Krankenschwester.« Dieser erste Besuch in einem Lepradorf hat uns sehr beeindruckt, und er hat mein Leben verändert. Wir wussten, hier können und werden wir helfen, und zwar mit Sachen, die in der Schweiz fortgeworfen werden. Von da an sind wir immer wieder zurückgekehrt. Und jedes Mal kamen Freunde oder Verwandte mit, wodurch wir viele Waren zu verschiedenen Stationen, Lepradörfern, auch Dorfschulen mitnehmen konnten. Einmal landeten wir in einem Dorf, in dem wir später jahrelang eine Schule unterhielten mit Heften, Büchern, Bleistiften. Wir haben dort einen Schulgarten angelegt und Werkzeuge gebracht. Und wir haben Toiletten gebaut und einzelne Leute im Dorf unterstützt.

Heute gibt es eine Organisation, die DAHW, und es wird für den medizinischen Bereich mehr getan. In der Schweiz wurde der Kreis der Helfenden immer größer, es entstand ganz ungezwungen der Freundeskreis für den Senegal. Damit es weitergeht, wenn ich einmal nicht mehr da bin, haben wir eine Stiftung gegründet.

RECHTS: Im Senegal, 2002

Mein Mann war schon gestorben, da hörte ich im Radio von einer Organisation, die medizinisches und anderes Material für die Dritte Welt recycelt. Als wir im Senegal angefragt wurden, ob wir nicht eine Polyklinik mit etwa zehn Betten einrichten könnten, sagten wir fröhlich:»Ja, das machen wir.« Wir bekamen viele wertvolle Waren. Im Gegenzug boten wir an, auch Hilfe zu leisten. So sind wir in die Entwicklung von HIOB international hineingewachsen.

Im Senegal kam zwei, drei Jahre später der Direktor vom Sozialamt mit dem Präsidenten des Blindenverbandes zu mir und sagte:»Sie machen so viel für die Leprakranken und für Behinderte, aber für uns Blinde macht nie jemand etwas.« Das hat mich wegen meines Vaters sehr getroffen. Also beschlossen wir, auch für die Blinden eine Poliklinik einzurichten. Denn dort werden viele blind, weil fast nichts für Augenkranke getan wird. Wir haben vor etwa 14 Jahren ein Gebäude mit Untersuchungsräumen gebaut und richteten noch zwei Ateliers ein. Es war sehr schwierig, mit den Blinden zu arbeiten, denn dort kennen sie nichts anderes als betteln. Der Koran schreibt ja vor, dass jeder täglich einigen Armen – Blinden, Leprakranken – einen Beitrag geben müsse. Wir haben auch gespendete Brillen sortiert, gereinigt, gemessen und aufgeschrieben. So konnte der Augenarzt, der von Anfang an dabei war, sie weitergeben. Dann meldete sich ein Optikermeister aus Genf, der ohne Bezahlung helfen wollte. Er hat zwei Senegalesen angelernt. Zwei Jahre später mussten wir einen Operationstrakt anbauen. Aber zuerst mussten wir noch für unseren Arzt ein Haus errichten. Die Senegalesen sind sehr liebe Menschen, aber morgens zeitig zur Arbeit zu kommen, bringen die wenigsten fertig. Trotzdem konnte ich feststellen, dass wir nach zehn Jahren noch die gleichen Leute – außer zweien – hatten wie am Anfang unserer Arbeit. Wenn ich zwei Mal im Jahr dort bin, dann muss ich überall schauen, was wir besser machen können, und darauf bestehen, dass es sofort erledigt wird. Das ist für die Menschen dort etwas Unbeschreibliches. Sie sind wohl jedes Mal froh, wenn ich wieder weg bin.

Ich brauche menschliche Beziehungen. Ich bin kein Einzelgänger und hatte immer viele Freunde durch die Arbeit. Und ich kann nicht streiten. Meinen Kindern habe ich gesagt: »Es gibt noch Verschiedenes zu besprechen, denn eines Tages bin ich nicht mehr da. Mir ist erst jetzt bewusst, wie wenig ich von meinen Eltern hatte. Waren wir eigentlich genug für euch da?« Da sagten beide: »Ja sicher, ihr wart ja immer bei uns. Wir hatten den großen Garten, wo wir mit fremden Kindern spielen konnten.« Später sagte mir ein Sohn noch: »Etwas habe ich vergessen zu sagen, ihr habt nie gestritten. Ich weiß von vielen Eltern, die hatten immer Streit.« Da hatte ich Freude. Streiten mag ich nicht. Ich finde, streiten zermürbt. Das liegt auch an meinem Glauben. Ich bin eine gläubige Frau. Es gibt Unterschiede zwischen gläubig und fromm.

Aber ich war nie in der Klemme,
es lag immer ein Segen auf unserem Wirken.

Immer an das Positive zu glauben, das hilft mir auch bei den Projekten. Manchmal wird mir schwindelig bei den großen Summen, die aufgebracht werden müssen. Aber ich war nie in der Klemme, es lag immer ein Segen auf unserem Wirken. Der Anfang war jedes Mal das Schwerste. Nun werde ich älter und mir fehlen allmählich die Kräfte. Aber die Hitze im Senegal tut mir gut. Ich gehe auch nicht mehr von Haus zu Haus, sondern bin mehr bei der Gemeinschaft im Dorfkern und beim Komitee des Dorfes, wo man miteinander spricht und sie ihre Wünsche vorbringen.

Ich empfinde jeden Tag die Zeit, die mir bleibt, als Geschenk. Wie das Ende aussieht, weiß man nicht. Es wird kommen. Ich hoffe, dass ich würdig sterben kann. Ich glaube daran, dass mein ganzes Dasein von Gott geleitet wurde – jeder Lebensabschnitt ging sanft in den nächsten über, ich wurde von Unglücken verschont, vor großen Fehlentscheidungen bewahrt, mir wurden die nötigen Kräfte, Mut und Durchhaltewillen geschenkt, und die benötigten Gelder trafen immer rechtzeitig ein. Ich danke meinem Mann und all den treuen Freunden, die mir immer zur Seite standen und auch die Senegalarbeit weiterführen werden. Der Segen Gottes bleibe uns erhalten!

Lucia Westerguard

Jahrgang 1912 – 2008

Zirkusartistin und
Straßenmusikantin

Lucia Westerguard

Schon ganz früh, mit etwa sechs Jahren, musste ich anfangen zu arbeiten. Mein wunderbarer Vater war schon mit 36 Jahren gestorben, und von da an hatten wir zu Hause viele Sorgen. Da kam keiner, hat angeklopft und gefragt: Braucht ihr etwas zu essen? Braucht ihr Hilfe? Ich habe aber sehr gut damit gelebt, nie um etwas für mich zu bitten, sondern selber immer nur zu geben.

Ich war acht Jahre in der ersten Bürgerschule hier in Wien. Einmal kamen Damen aus einer der großen Gymnastikschulen in Deutschland und suchten begabte Kinder. Ich hatte schon lange für mich getanzt und Übungen gemacht, denn ich hatte den heimlichen Wunsch, zum Zirkus zu gehen. Ich wurde zwar ausgewählt, konnte aber nicht weg, weil ich meine Mutter erhalten musste. Morgens vor der Schule, von fünf bis acht Uhr, habe ich Milch ausgetragen. Nach der Schule bin ich Teppichsticken gegangen. Ich habe dort zu essen bekommen, weil ich viel gearbeitet habe. Die Leute waren wunderbar nett und haben mich sehr gerne gehabt, und so habe ich mich durchgewurschtelt. Damals habe ich nicht gewusst, dass das alles zu viel für ein Kind war. Aber ich habe es geschafft.

Eines Tages sagte meine Mutter: »Zieh dir das Sonntagskleid an, du wirst verlangt.« Ich hatte im Stillen gehofft, dass es zum Zirkus ginge. Aber ich musste mich in einem Geschäft vorstellen. Ich dachte bei mir, ich gehe hin und stelle mich dumm. Ich konnte zu der Zeit viel, weil ich bei den Ständen schon verkauft und anderes gemacht hatte. Ich wollte es allen Leuten immer recht machen. Ich komme also in das Geschäft, ein Wurst-Spezialgeschäft. Da steht ein düsterer Mann, wie ein Feldwebel, und meine Mutter sagt: »Bitte, ich stelle Ihnen meine Tochter vor.« Ich war vierzehneinhalb Jahre und wog etwa 36 Kilogramm. In Gedanken war ich beim Zirkus, aber der Mann sagte: »Die nehme ich sofort.« Ich wurde als erste Verkäuferin angestellt und bekam einen phantastischen Lohn. Abends ging ich in die Ballettschule und traf mit sehr guten Künstlern zusammen. Vor hohen Offizieren habe ich Solo getanzt. So hat es begonnen. Endlich, erst als ich erwachsen war, bin ich zum Zirkus gegangen und dabei geblieben. Ich wurde Zirkusartistin, habe gesungen, getanzt und Saxophon gespielt. Nun bin ich schon lange Straßenmusikantin.

Mein erster Mann, mit dem ich zusammen auftrat, ist beim großen Angriff in Dresden, am 12. Februar 1945, im Zirkus Sarrasani zusammen mit 12 000 Menschen zugrunde gegangen. Er war mit unseren zwölf Pferden dort, mit denen wir einen eigenen Zirkus aufmachen wollten. Sarrasani war weg mit allem, was drum und dran war.

Man hat eine Traurigkeit nach der anderen erlebt und musste es ertragen. Da war die Else, meine Tochter, sie ist ganz klein gestorben. Mein Bruder, ein Traum als Mensch und als Musiker, ist im Krieg geblieben; ich habe ihn sehr geliebt.

Ich wollte wieder arbeiten und ging zu einem Kollegen bei Hagenbeck. Da saß ein Mann und der Kollege meinte zu ihm: »Westerguard, nimm dir die Lucia.« Ich denke mir noch, was heißt »nimm«? Aber Dick Westerguard suchte eine Partnerin. Er meinte: »Was machen Sie so?« Ich sagte: »Ich war beim Zirkus, aber der ist abgebrannt. Ich hatte aber große Partner, die mich unbedingt wollten.« Westerguard nahm mich gleich. Wir waren 60 Jahre Partner und haben überall auf der Welt große Akrobatiknummern gezeigt.

Erst jetzt denke
ich darüber nach,
und mir wird bewusst,
was ich alles geleistet habe.

Der Krieg war schrecklich. Eines Tages wurde unser Haus im
1. Bezirk in Wien bombardiert. Die Russen waren gerade eingezogen,
da musste ich drei Wochen mit meinem kleinen Sohn im Keller bleiben. Es war zu feucht für mein Baby, und es ist gestorben. Ich trug
selber den Sarg hinaus zum Zentralfriedhof. Ich wollte doch wissen,
wo er lag. Die Leichen wurden nämlich einfach so hineingeworfen.
Nach acht Monaten mussten wir auch meinen geliebten Bruder mit
nur 36 Jahren hinaustragen. Die Gräber liegen nebeneinander. Wie
gut, dass ich nicht vorher wusste, was mit dem Krieg alles kommen
würde, sonst hätte ich gesagt: »Bitte, lieber Gott, lass mich umfallen,
ich halte es nicht aus, das alles zu ertragen.« Aber ich habe es alles ertragen. Es war furchtbar. Die Wohnungen waren zerstört, für die wir
schwer gearbeitet hatten. Es war einfach alles weg.

Jetzt wohne ich schon über 40 Jahre hier oben unter dem Dach.
Ich könnte mir Möbel kaufen, aber ich behalte es so, wie es mein
zweiter Mann, als er schwer verwundet 1946 aus dem Krieg zurückkam, mit Brettern vom Schleichhandel gezimmert hat.

Ich musste ihn pflegen, als er zurückkam. Er hatte eine Kugel im
Kopf, die man nicht operieren konnte. Seine Frau hatte ihn verlassen.
Ich habe gesehen, wie verwundet er war, auch innerlich. Ich wusste, den Mann muss man, so stark er auch körperlich ist, erst einmal
aufbauen. Ich war eh viel gewohnt. Ich habe ihn aufgebaut, und er
hat es gar nicht gemerkt. Erst jetzt denke ich darüber nach, und mir
wird bewusst, was ich alles geleistet habe. Es gab so viele dramatische
Dinge in meinem Leben, dass man alles nur mit Geduld ertragen und
auch meistern konnte. Trotz seiner Verletzung haben wir stunden-

lang trainiert, bis die Nummer stand. Dann sagte er eines Tages zu mir: »Ich möchte Sie etwas fragen. Wollen Sie mich heiraten?« Wir heirateten und blieben 61 Jahre bis zu seinem Tod zusammen. Kein einziges Schimpfwort, nichts Ungerechtes hat er jemals gesagt. Es war ihm alles recht, was ich machte. Er war glücklich mit seiner Arbeit. Er war wirklich ein ganz phantastischer Artist – man kann sagen: ein Künstler. Wir traten als »The Westerguards« mit Akrobatiknummern in der ganzen Welt auf. Unsere letzte gemeinsame Arbeit war in dem ganz großen Theater, im deutschen Volkstheater. Er war etwas über 99, und ich zehn Jahre jünger. Wir konnten natürlich nicht mehr die großen Nummern wie vor 20 Jahren zeigen. Früher waren wir in diesem Theater die Attraktion gewesen. Traumhaft. In einem der schönsten Theater in Wien. Nur die ganz großen Künstler traten dort auf, und das Haus war immer ausverkauft.

Die Straßenmusik habe ich immer schon gemacht, nachts, nach den großen Attraktionen. Und mein Mann ging immer mit. Er war wunderbar. Er trug das Saxophon.

Ich bin in der Nacht immer auf, aber das macht mir nichts aus. Das war auch schon früher so. Alle haben gut geschlafen, und ich habe dann mein eigenes Leben begonnen. Um vier Uhr fingen die ersten Vögel an zu zwitschern. Jetzt fällt mir nachts so viel von früher ein. Ich will oft gar nicht einschlafen. Mein Leben war so bunt. Es war gut, wie es war, aber es war immer ein großer Kampf. Ich wundere mich oft, dass ich alles annehmen konnte, ohne zu klagen. Ich hatte außerdem noch manchen Trost zu geben. Ich bin keine Heilige, aber es kommen viele Leute in der Nacht. Wenn man noch ein bisschen helfen kann, ist es doch schön.

Ich fahre jedes Jahr mit den Maltesern nach Lourdes und spiele dort oben in der Kathedrale. Es kommen Tausende von Menschen dorthin, und es ist wunderschön. Ich spiele das »Ave-Maria« ganz leise, und wenn die Priester die Krankensalbungen absolviert haben, höre ich auf. Die Malteser wollen unbedingt, dass ich auch dieses Jahr mitkomme, aber ich bin nicht sicher, ob ich es schaffe. Es ist das erste Mal, dass ich merke, dass eine gewisse Schwäche über mich

gekommen ist. Die letzten drei Jahre waren ganz schwer. Ich war Tag
und Nacht auf. Ich habe meinen Mann gepflegt, bis er letztes Jahr
starb. Ich hoffte immer, dass er noch einmal aufstehen könnte. Aber
er wurde immer schwächer und konnte dann nicht mehr sprechen.
Dann einmal um 4 Uhr früh, ich saß wie immer bei ihm, da machte
er beim Atmen ein seltsames Geräusch. Von der Direktion des Not-
rufs hatte ich die Erlaubnis, sofort einen Arzt rufen zu dürfen. Es kam
ein wunderbarer Arzt, und ich sagte: »Sind Sie nicht böse, aber er hat
so komisch geatmet.« Und er geht zum Tisch und holt etwas, kommt
zurück, mein Mann atmet noch einmal tief und der Arzt sagt: »Das
war der letzte Atemzug.« So war das Leben von Dick Westerguard
aus. Er wurde 101 Jahre alt.

Irgendwie fand ich es nicht stimmig, dass manche sagten, ich
wäre erlöst. Ich hätte ihn lieber weiter gepflegt, obwohl ich manchen
Tag daheim getaumelt bin. Hoffentlich gibt mir der liebe Gott bald
die Kraft zurück.

Jetzt fällt mir nachts so viel von früher ein.
Ich will oft gar nicht einschlafen. Mein Leben war so bunt.

Ich war immer hier in Wien im 1. Bezirk zu Hause. Während der
Saison sind wir mit dem Zirkus herumgereist. Wir waren überall: in
England, Irland, der Schweiz, in Italien. Jedes Jahr haben wir ein En-
gagement im Zirkus bekommen, das waren sieben oder acht Monate.
Im Winter traten wir im Kabarett auf.

Gemeinsam haben wir beim Zirkus Hagenbeck angefangen.
Aber Hagenbeck brannte am 4. November 1944 ab. An dem Tag hatte
mein Sohn Tauftag, und Herr Hagenbeck wollte ihn taufen, das war
ein großes Glück. In der Sattlerei war alles schön mit Blumen hergerichtet, alles im Schleichhandel erstanden. Ich komme in der Früh
von zu Hause über die Straße, da läuft eine Frau ganz entsetzt auf
mich zu und weint: »Frau Lucia, Ihr Zirkus brennt!« Es war entsetzlich, ein Großangriff auf Wien. Wir gingen trotzdem in die Kirche.
Ich wollte ihn unbedingt taufen, und mein geliebter Bruder hat die

Stellvertretung übernommen. Alles hat noch geraucht, die Kirchen-
fenster waren zerbrochen. Mit dem Zirkus Hagenbeck war es aus, wir
haben alle Abschied genommen.

Gott sei Dank hatten wir viel Erfolg mit unserer Nummer und
bekamen gute Verträge. Ich habe mich immer für meinen Mann gefreut. Und ich habe ihn gut gepflegt und 20 Jahre für ihn Diät gekocht, damit er wieder ganz gesund wird. Er sagte nie etwas. Das war
mir auch recht, ich brauchte kein Lob, ich habe es halt gemacht. Ich
hatte immer ein eigenes Leben für mich, ich war innerlich zufrieden.
Es war sehr nett zusammen, wunderbar, aber ich wurde eigentlich nie
Liebling oder so genannt. Ich habe es nicht vermisst, ich wusste, er
war wie ein Baum. Die Leute sagten: »Ihr Mann muss Sie sehr geliebt
haben.« Ja, das war so. Es ist eine schöne Liebe gewesen, und treu
waren wir, da gab es nicht so ein Hin und Her.

Ich habe im Rückblick gemerkt, dass mich nie jemand getröstet
hat. Und wahrscheinlich habe ich jeden Kummer allein in mir aufgenommen.

»The Westerguards« als junges Paar, mit ca. 40 und 50 Jahren und
im Alter von 90 und 100 Jahren

Es war, wie man so sagt, in seiner Art ein Kunstwerk, das Leben – das ist nicht übertrieben. Es war manchmal ganz schön schwer, aber dann ging es wieder. Aber ich hatte auch viel Segen, weil ich als Frau diese schweren Lasten tragen konnte. Gott hat mir das bestimmt, und ich musste es tragen.

Wenn ich ein bisschen kräftiger bin, gehe ich wieder mit dem Saxophon auf die Straße.
Ich möchte spielen, weil das meine ganze Kraft war.

Ich lese viel über Pater Pio. Er ist ein Heiliger und hat wunderbare Heilungen vollbracht. Erst vorgestern habe ich in der Nacht gelesen, wie Christus am Ölberg auch von den Aposteln verlassen wurde. Ach, Christus, siehst du, so ist es mir gegangen, wie mein Mann dagelegen ist. Früher kamen jede Nacht massenhaft Freunde und viele Leute. Aber dann, wie mein Mann gelegen ist, da hätte man ja mal ein, zwei Stunden bei ihm sitzen können. Da habe ich zu Christus gesagt: »Siehst du, so ist es mir auch gegangen wie dir mit den Aposteln.«

Wenn ich ein bisschen kräftiger bin, gehe ich wieder mit dem Saxophon auf die Straße. Ich möchte wieder spielen, weil das meine ganze Kraft war. Die Leute, die zuhören, sind wahnsinnig nett und freuen sich. Wenn sie mich auf der Straße sehen, fragen sie: »Wann kommen Sie wieder zum Spielen, Frau Lucia? Wir vermissen Sie am Graben, in der Kärntner Straße.«

Ich könnte Bücher füllen mit dem, was alles war. Allein was ich als Kind beim Milchaustragen erlebte, während meine Schulkolleginnen noch fein zugedeckt im Bett lagen. Um fünf Uhr früh hatte das große Milchgeschäft schon alles hergerichtet. Die Frau und der Mann waren sehr nett, die brauchten mich ja auch. Ich musste 23 Parteien versorgen. Dazu hatte ich eine Kanne rechts, eine links hängen. Es gab kein Licht in den Häusern und keinen Aufzug. Es gab Kunden, die jeden Tag 13 Liter Milch in den 5. Stock geliefert bekamen. Wie ich das geschafft habe, weiß ich nicht mehr. Punkt 8

Uhr musste ich in der Schule sein. Draußen wartete der Direktor, da musste man noch ein Knicksle machen. Es hat geläutet, und ich saß in der Bank.

Vom alten Wien könnte ich viel erzählen. Wenn es damals Schneestürme gab, wurde der Schnee von den Schneeschauflern bis oben hinauf geworfen. Später gingen die Lichter in den großen Banken an. Die Stände hatten noch Karbidlampen, das war schön. Und der Christkindl-Markt, das war das Schönste!

Ich wollte dem Herrn Knie vom Zirkus Knie eine ganz wunderbare Sache unterbreiten, weil es schade ist, wenn sie verloren geht. Das war eine Revue nach dem Märchen »Der Froschkönig«. Diese große Weltattraktion von früher kenn´ nur noch ich. Ich wollte sie ihm aus Liebe zum Zirkus übergeben. Damit waren wir sechs Monate lang täglich zwei Mal ausverkauft, jeweils 4000 Menschen. Ich weiß alle winzigen Details noch, alle anderen Beteiligten sind gestorben. Das war damals eine der schönsten Weltsensationen. Wenn zum Schluss die Großmutter zu dem Kind sagte: »Und wenn sie nicht gestorben sind, dann leben sie noch heute«, da haben sogar die Männer Tränen geheult. Ich kann alles noch auswendig. Er braucht es nur abzuhören. Ich hätte alles gemacht, wäre glücklich gewesen in seinem Zirkus. Aber wenn er nicht will, kann man nichts machen.

Ich hatte einen seltsamen Traum: Ich höre Schritte, und auf einmal steht mein Mann hier, ganz elegant, so jung, wie wir uns kennenlernten. Und er sagt: »Bist du fertig, Lucia? Komm. Ich bin schon da.« Und ich sage: »Ja, ich komme gleich.« Nach dem Traum war ich auf einmal munter, ganz wach, aber ich konnte mich 14 Tage nicht davon erholen. Es wirkte so natürlich. Als wenn es wahr gewesen wäre.

Ich trage mein Alter mit Fassung. Wenn alles weh tut, tue ich mir leid, weil ich das nie so gewohnt war. Manchmal kommt mir der Gedanke: Vielleicht habe ich doch viel geleistet und konnte den Menschen Freude machen? Eines Tages werde ich Abschied nehmen. Es gibt Tage, an denen man denkt, jetzt ist es so weit. Was soll ich, lieber Gott? Du bestimmst. – Ich kann doch nicht bestimmen, wann er mich will.

VITAE

GERDA BARTELT, Jahrgang 1916, kaufmännische Angestellte, geboren in Boguschau, Kreis Graudenz (Westpreußen), Mutter eines Sohnes. Zunächst Ausbildung auf der Landfrauenschule Rügenwalde zur landwirtschaftlichen Beraterin, später dort als Lehrkraft tätig. Bis zu ihrem Ruhestand im Jahr 1975 kaufmännische Angestellte bei der Maschinenweberei B&N in Bielefeld. Gerda Bartelt verstarb 2009.

DOROTHEA BUCK, Jahrgang 1917, Autorin und Bildhauerin, geboren in Naumburg/Saale, ledig, keine Kinder. Ausbildung zur Organistin und Bildhauerin, anschließend von 1939 bis 1941 nebenamtliche Organistin und freischaffende Bildhauerin, von 1969 bis 1982 Lehrerin für »Kunst + Werken« an der Fachschule für Sozialpädagogik in Hamburg, seit 1982 im Ruhestand. 1990 veröffentlichte sie unter dem Pseudonym Sophie Zerchin das Buch »Auf der Spur des Morgensterns – Psychose als Selbstfindung«.

ELSE DAVIDSOHN, Jahrgang 1903, Kauffrau, keine Kinder. Ausbildung im familieneigenen Herrenbekleidungsgeschäft in Berlin, nach ihrer Flucht nach Israel Inhaberin einer eigenen Wäscherei, 1956 Übersiedelung nach Hamburg, ab 1958 im Ruhestand. Else Davidsohn verstarb 2006 in Hamburg.

JOHANNA FISCHER, Jahrgang 1926, Gärtnerin, geboren in Erfurt, verwitwet und Mutter eines Sohnes und einer Tochter. Gemeinsam mit ihrem Mann Aufbau eines Gärtnereibetriebs, der 1960 durch die DDR enteignet wurde; nach der Wende Wiederaufbau einer Brunnenkresse-Klinge, wo Johanna Fischer noch bis heute tätig ist.

EDELTRAUD FORSTER, Jahrgang 1922, Äbtissin em., geboren in Bottrop. Studium der Religionspädagogik und Theologie in Münster, anschließend Eintritt ins Kloster, 1978 bis 1998 Äbtissin Mutter Edeltraud der Abtei St. Hildegard in Eibingen bei Rüdesheim. Seit 1998 im Ruhestand.

SWETLANA GEIER, Dr. h.c. mult. (Universitäten Basel/Schweiz und Freiburg/Br.), Jahrgang 1923, Übersetzerin, geboren in Kiew/Russland, geschieden, Mutter eines Sohnes und einer Tochter. Studium der Germanistik und Sprachwissenschaft, als Universitätslektorin und Übersetzerin tätig. 2007 erhielt sie für ihre Übersetzung von Dostojewskis »Ein grüner Junge« den Preis der Leipziger Buchmesse. Sie starb im November 2010.

KARIN HERTZ, Jahrgang 1921, Bildhauerin, geboren in Hamburg, geschieden und Mutter eines Sohnes. Ausbildung zur Bildhauerin bei Maria Weber, ab 1941 in der Bildhauerklasse von Prof. Richard Knecht an der Akademie der Bildenden Künste München. Ihre Werke wurden und werden auf nationalen und internationalen Ausstellungen gezeigt; Karin Hertz lebt in Hamburg und ist bis heute als Bildhauerin tätig.

CHARLOTTE JANKA, Jahrgang 1914, Übersetzerin und Dolmetscherin, geboren in Berlin, verwitwet, Mutter eines Sohnes und einer Tochter. Kurz nach Abschluss der Höheren Handelsschule 1932 Flucht vor den Nationalsozialisten über Süddeutschland, die Schweiz, schließlich Paris, Zwangsaufenthalt in St. Malo/Frankreich; über Marseille Ausreise mit Visum für Mexiko über Oran, Casablanca und die Bermudas. 1947 Rückkehr nach Berlin. Bis 1979 unter anderem als Konferenzdolmetscherin und als Übersetzerin von Filmtexten tätig. Charlotte Janka starb 2012 in Berlin

ANITA KÄSTNER, Jahrgang 1924, Papierrestauratorin, geboren in Großharthau, verwitwet und Mutter einer Tochter. Vor dem Krieg Studium der Buchillustration an der Kunstakademie in Dresden, nach dem Krieg Wiederaufnahme des Studiums, aus politischen Gründen wurde ihr jedoch der Abschluss verweigert. Volontariat im Dresdner Kupferstichkabinett, Ausbildung zur Papierrestauratorin. Stationen in der Staatlichen Graphischen Sammlung München und den Kunstsammlungen der Veste Coburg. Sie verstarb 2011.

EDITH KRAUS, Jahrgang 1913, Pianistin und Pädagogin, geboren in Wien/Österreich, verwitwet und Mutter einer Tochter. Ausbildung zur Pianistin bei Artur Schnabel an der Staatlichen Hochschule für Musik in Berlin, anschließend bis 1994 als Pianistin tätig, später noch als Musikpädagogin an der Musikakademie der Universität Tel Aviv und als Dozentin von Meisterklassen. Sie starb 2013 in Jerusalem.

MARIE MARCKS, Jahrgang 1922, Karikaturistin und Grafikern, geboren in Berlin, geschieden, Mutter von 5 Kindern. Schon früh »erlebt« sie den Unterricht in der Kunstschule ihrer Mutter Else Marcks-Penzig mit, entscheidet sich zunächst von 1943 bis 1945 für ein Architekturstudium in Berlin und Stuttgart, danach als freie Malerin und Grafikerin tätig. Ihre ersten Karikaturen zeichnet Marie Marcks in den 60er-Jahren. Sie starb 2014 in Heidelberg.

MARGARETE MITSCHERLICH, Dr. med., Jahrgang 1917, Psychoanaly-tikerin, geboren in Graasten (Gravenstein)/Dänemark, verwitwet, Mut-ter eines Sohnes. Ab 1932 besucht sie ein deutsches Gymnasium in Flens-burg, Medizinstudium in Heidelberg; ab 1947 arbeitet sie als Ärztin in der Schweiz. In den 50er-Jahren psychoanalytische Ausbildung. Ab 1960 ist sie am Sigmund-Freud-Institut in Frankfurt tätig. Gemeinsam mit ihrem Mann, dem Psychoanalytiker Alexander Mitscherlich, veröffentlicht sie das Buch »Die Unfähigkeit zu trauern. Grundlagen kollektiven Verhaltens« (1967). In späteren Werken behandelt sie unter anderem das Rollenverhalten der Frau in Politik und Gesellschaft. Für ihr frauenpolitisches Engagement wird sie mehrfach ausgezeichnet. Sie verstarb 2012.

SUSANNE VON PACZENSKY, Dr. phil., Jahrgang 1923, Publizistin und Feministin, geboren in Augsburg, geschieden und Mutter zweier Kinder. Stu-dium der Soziologie, nach dem Krieg Berichterstatterin bei den Nürnberger Prozessen, anschließend als Journalistin tätig. In den 60er- und 70er-Jahren engagierte sie sich in der Frauenbewegung und schrieb mehrere Bücher zum Konflikt um den Abtreibungsparagrafen 218. Später übernahm sie die Buch-reihe »Frauen aktuell« im Rowohlt Verlag und brachte darin über 40 Bücher heraus. Sie starb im Mai 2010.

CHRISTA PROKSCH, Dr. phil., Jahrgang 1925, Taijiquan-Meisterin, geboren in Brandenburg, verwitwet und Mutter dreier Kinder. Zunächst Ausbildung in Leipzig als Russisch-Dolmetscherin, in den 70er-Jahren verlässt Christa Proksch Deutschland, um in Taiwan Chinesisch zu lernen. Dort erlernt sie die chinesische Bewegungskunst Taijiquan. Nach ihrer Rückkehr nach Deutsch-land Studium der Sinologie. Sie verstarb 2010.

CHRISTINE RAZUM, Jahrgang 1923, Dramaturgin, geboren in Eulau, Kreis Sprottau (Niederschlesien), verwitwet, keine Kinder. Studium der Germanistik, Kunstgeschichte und Theaterwissenschaften, 1946 Gründung einer Studentenbühne in Erlangen, danach als Schauspieldramaturgin bis 1989 unter anderem in Bremen, Celle und Hannover tätig, von 1982 bis 1989 zusätzlich Geschäftsführerin des Deutschen Verbandes Evangelischer Büche-reien, außerdem leitet sie seit über 30 Jahren Literaturseminare.

LENKA REINEROVÁ, Jahrgang 1916, Autorin und Erzählerin, geboren in Prag, Mutter einer Tochter. Besuch eines deutschsprachigen Gymnasiums in

Prag, aus finanziellen Gründen Schulabbruch. Später als Dolmetscherin eines amerikanischen Journalisten tätig; als die Nationalsozialisten Prag besetzten, hielt sie sich gerade in Rumänien auf und kehrte nicht in ihre Heimatstadt zurück. Haft in Frankreich, Emigration über Marokko nach Mexiko, später über Jugoslawien wieder nach Prag, wo sie als Journalistin und Autorin tätig war und auch im Ausland Lesungen hielt. Lenka Reinerová verstarb 2008 in Prag.

ANNEMARIE RENGER, Jahrgang 1919, Politikerin, geboren in Leipzig, Mutter eines Sohnes, der 1998 verstarb. Verlagslehre und tätig als Verlagskauffrau bis 1946, danach enge Vertraute des SPD-Vorsitzenden Kurt Schumacher bis zu dessen Tod 1952. Von 1972 bis 1976 als erste Frau Präsidentin und von 1976 bis 1990 Vizepräsidentin des Deutschen Bundestags. Annemarie Renger verstarb 2008 in Oberwinter bei Bonn.

DORIS SCHADE, Jahrgang 1924, Schauspielerin, geboren in Bad Frankenhausen am Kyffhäuser, verwitwet und Mutter eines Sohnes. Schauspielausbildung in Leipzig; Kinodebüt 1980 in »Die Bleierne Zeit« unter der Regie von Margarethe von Trotta, unter Rainer Werner Fassbinder spielte sie in »Die Sehnsucht der Veronika Voss« (1982) und in »Frauen in New York«. 1987 wird Doris Schade mit dem Gertrud-Eysold-Ring als beste deutschsprachige Schauspielerin ausgezeichnet. 1993 erhält sie das Bundesverdienstkreuz und 1999 den Bayerischen Maximiliansorden für Kunst und Wissenschaft. Sie verstarb 2012.

LILLY VOGEL, Jahrgang 1918, Sozialarbeiterin, geboren in Luzern/Schweiz, verwitwet und Mutter zweier Söhne. Durch den Kontakt mit jüdischen Flüchtlingen im Krieg kommt Lilly Vogel zur Flüchtlingsarbeit. Nach dem Krieg ist sie unter anderem in Köln für das Schweizerische Arbeiterhilfswerk tätig, sie besucht Kurse und eignet sich über Lektüre und Praxis umfangreiches Wissen zum Thema Sozialarbeit an; nach Aufgabe der Gärtnerei ihres Mann reisen die Vogels erstmals nach Afrika. Nach dem Besuch von 4 Lepradörfern im Senegal entschließen sie sich zu umfangreichen Hilfsprojekten, sammeln Spenden, unterstützen Schulen und Krankenhäuser und gründen schließlich den »Freundeskreis für den Senegal«. Auch nach dem Tod ihres Mannes setzte Lilly Vogel ihre Hilfe für den Senegal fort, initiiert unter anderem den Bau einer Polyklinik für Blinde. Sie verstarb 2012.

LUCIA WESTERGUARD, Jahrgang 1912, Zirkusartistin und Straßenmusikantin, geboren in Wien/Österreich. Schon während ihrer Schulzeit verdient sie Geld mit Milchaustragen und Teppichsticken, um ihre Familie zu unterstützen und sich selbst den Traum vom Tanzunterricht zu erfüllen. Nach Beendigung der Schule arbeitet sie in einem Wurst-Spezialitätengeschäft, mit dem erarbeiten Geld geht sie abends zur Ballettschule und später dann als Artistin zum Zirkus. Sie lernt früh Saxophon spielen und war lange als Straßenmusikerin in Wien anzutreffen. Als Artistin war sie beim Zirkus Sarrasani und später bei Hagenbeck beschäftigt. Dort lernt sie ihren Mann Dick kennen und die beiden traten fortan bis ins hohe Alter von knapp 100 und 90 Jahren als »The Westerguards« auf. Lucia Westerguard verstarb 2008.

DANKSAGUNG

Zutiefst dankbar bin ich den 20 Frauen dieses Buches. Sie haben mir nicht nur ihre Tür geöffnet, sondern auch ihr Herz. Durch ihre Offenheit im Gespräch und vor der Kamera wurde das Buch erst möglich. Danken möchte ich auch Elisabeth Sandmann für ihr Engagement und Eva Römer für ihre Geduld.

Dank auch dem Kulturwerk der Verwertungsgesellschaft Bild-Kunst für die Unterstützung.

Ute Karen Seggelke